dtv

»Auf einer Schiffsreise lernen wir Leute und Landschaften kennen, längst Vergessenes taucht aus der Geschichte herauf, und wie unter einem Zauber verwandelt sich das Lästige zum Verlockenden.« Zu den Verlockungen des Reisens an sich, das ganz im Kontrast zu unseren heutigen Vorstellungen von zielgerichteter Fortbewegung steht, lädt uns Christian Graf von Krockow auf seiner Elbreise ein, die ihren Ausgang zwischen den aufragend und bizarren Sandsteinformationen in den Felsengärten der sächsischen Schweiz nimmt, und bis in die stille Weite bei der Mündung des Flusses in die See führt. Der Leser begleitet ihn durch wechselnde Landschaften, besucht die Orte der Kunstgeschichte und begegnet auf Schritt und Tritt der deutschen Geschichte. »Ohne diesen ›Lotsen‹ sollte man keine Fahrt auf der Elbe mehr antreten.« *(Die Welt)*

Christian Graf von Krockow, (1927–2002), geboren in Ostpommern, studierte Soziologie, Philosophie und Staatsrecht. 1961 bis 1969 war er Professor für Politikwissenshaft an verschiedenen Universitäten. Er lebte als freier Schriftsteller in Hamburg und wurde mehrfach ausgezeichnet.

Christian Graf von Krockow

Die Elbreise

Landschaften und Geschichte
zwischen Böhmen und Hamburg

Deutscher Taschenbuch Verlag

Weitere lieferbare Titel von Christian Graf von Krockow am Ende des Bandes

März 2000
3. Auflage August 2004
Deutscher Taschenbuch Verlag GmbH & Co. KG, München
www.dtv.de

(ISBN 3-87203-225-9)
Umschlagkonzept: Balk & Brumshagen
Umschlagbild: Ausschnitt des Gemäldes »Landschaft an der Elbe«
(1832) von Carl Friedrich Dahl (© BPK, Berlin)
Satz: Fotosatz Sauter, Donzdorf
Druck und Bindung: Druckerei C. H. Beck, Nördlingen
Gedruckt auf säurefreiem, chlorfrei gebleichtem Papier
Printed in Germany · ISBN 3-423-30754-4

Inhalt

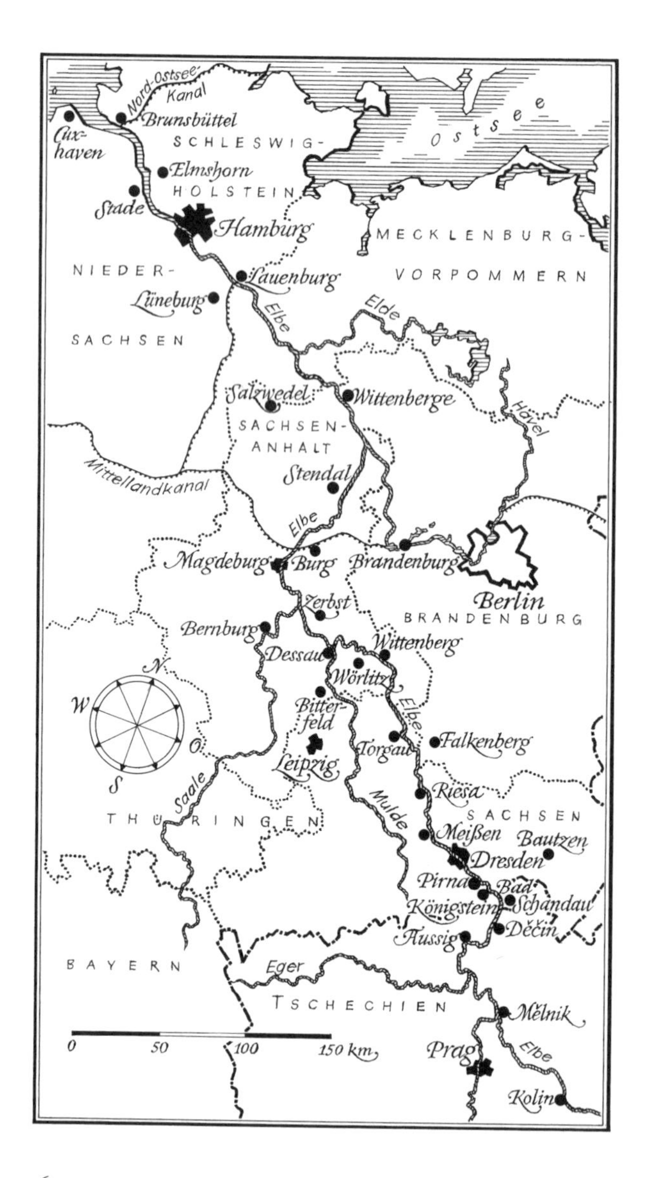
Nord-Ostsee-Kanal
Brunsbüttel
Cux-haven
SCHLESWIG-HOLSTEIN
Elmshorn
Stade
Hamburg
Ostsee
MECKLENBURG-VORPOMMERN
NIEDER-SACHSEN
Lauenburg
Lüneburg
Elbe
Elde
Salzwedel
Wittenberge
Havel
SACHSEN-ANHALT
Mittellandkanal
Stendal
Elbe
Magdeburg
Burg
Brandenburg
Berlin
Zerbst
BRANDENBURG
Bernburg
Dessau
Wittenberg
Wörlitz
N
W
O
S
Bitter-feld
Elbe
Torgau
Falkenberg
Leipzig
Saale
Riesa
Mulde
THÜRINGEN
SACHSEN
Meißen
Bautzen
Dresden
Pirna
Bad Schandau
Königstein
Aussig
Děčín
BAYERN
Eger
TSCHECHIEN
Mělnik
0
50
100
150 km
Prag
Elbe
Kolin

Unterwegs mit Goethe

Wenn man sich in Hamburg nach der Elbe erkundigt, sind die Hanseaten ganz bei der Sache. »Das ist unsere Lebensader«, sagen sie. Damit es zu keinem Arterienverschluß und in dessen Gefolge zu einem Stadtinfarkt kommt, sind immerfort Bagger am Werk, um die Fahrrinne im Strom freizuhalten oder zu vertiefen. Niemals darf die Aufmerksamkeit nachlassen: Das Schicksal von Stade dient als warnendes Beispiel.

Dieses Kleinod, ein wenig stromab, war einmal ein gefährlicher Konkurrent. Im 16. Jahrhundert errichteten die »Merchant Adventures«, die wagemutigen Kaufleute aus England, hier ihren Brückenkopf auf dem Festland – ein schlimmes Vorzeichen dafür, daß neben den Niederländern nun die Briten nach der Vorherrschaft auf dem Meer und im Seehandel griffen. Etwas später bauten die Schweden die Stadt zu ihrer Elbfestung aus. Vom einstigen Wohlstand künden noch heute die Kirchen von St. Wilhadi und St. Cosmae, von der Schwedenzeit das Zeughaus und die Bastion. Freilich zerstörte im Jahre 1659 ein Feuer große Teile der Stadt, und 1712 folgte eine Beschießung durch die Dänen, die

Glückstadt ins Spiel bringen wollten, ihre eigene Gründung am anderen Elbufer. Doch vor allem: Stade versandete. Über die Schwinge, die Zufahrt zur Elbe, können inzwischen nur noch Kutter und Kleinschiffe in den Hafen vom Puppenstubenformat gelangen, und bei Ebbe sitzen selbst sie bald im Schlick fest.

Je mehr man sich mit den Hamburgern ins Gespräch vertieft, desto deutlicher wird allerdings, daß von der Nieder- oder Unterelbe die Rede ist, von den 110 Kilometern bis zur »Alten Liebe« von Cuxhaven, hinter der sich der Strom in die Nordsee verliert. Stromauf indessen endet der hanseatische Ausblick bei den Schleusen von Geesthacht. Denn bis dahin greift das Meer mit seinen Gezeiten, und die muß man aufmerksam beobachten und sich wappnen. Kein Hamburger wird die Flutkatastrophe vom 17. Februar 1962 jemals vergessen.

Aber wie geht es weiter? Allenfalls von Lauenburg ist dann noch die Rede, dem Zielort für Kaffeefahrten. Wer hartnäckig bleibt und die Hanseaten mit der Frage belästigt, wie weit sich denn die Elbe von der deutsch-tschechischen Grenze bis nach Hamburg dehnt, erntet Unverständnis und Kopfschütteln, als komme etwas Abwegiges ins Spiel: »Was geht uns das an?« Und wer bei der Frage beharrt, stößt auf Abenteuerliches; irgendwo zwischen 250 und 1000 Kilometern irren die Vermutungen umher. Kaum jemand kennt die korrekte

Zahl: 623 Kilometer bis zu den Landungsbrücken von St. Pauli.

Fast scheint es also, als sei die Elbe Deutschlands verkanntester, ein beinahe unbekannter Fluß. Zum Vergleich: Jeder weiß etwas vom Rhein. Jeder ist mit den romantischen Bildern vertraut, die er bietet, und sei es bloß vom Vorbeihuschen im Intercity-Zug zwischen Bingen und Bonn. Alle nicken dem Felsen mit der Aufschrift »Lorelei« zu und murmeln, dank Heinrich Heine:

»Ich weiß nicht, was soll es bedeuten,
daß ich so traurig bin…«

Den Älteren kommt auch noch Patriotisches in den Sinn:

»Lieb Vaterland, magst ruhig sein,
fest steht und treu die Wacht am Rhein.«

Ja, und irgendwann einmal, in einer ruhmreichen Neujahrsnacht, überschritt Blücher, der preußische »Marschall Vorwärts«, bei Kaub den Rhein, um die Franzosen aufs Haupt zu schlagen.

Aber die Elbe? Natürlich liegt es nahe zu sagen: Gleich hinter Lauenburg, beim Flußkilometer 566, begann die deutsche Teilung; bis Schnackenburg – Flußkilometer 475 – war die Elbe zur Scheidelinie zwischen den Welten, zwischen dem Westen und dem Osten, der Bundesrepublik und der DDR geworden, wobei nie endend darum gestritten wurde, ob diese Linie nun in der Flußmitte oder am östlichen Ufer zu markieren sei. Und für mehr als vier Jahrzehnte entschwand der Fluß dann hinter der undurchdringlichsten Grenze, die Deutschland und Europa zerschnitt. Aber seit 1990 ist, gottlob, die Grenze verschwunden, und eigentlich sollte die Elbe jetzt dazu beitragen, daß sich wieder kennenlernt und zusammenwächst, was zusammengehört. Eine Eisenbahnlinie, die wie am Rhein über län-

Die Elbe bei Riesa: Immer schon waren die Flüsse Verkehrswege. Erst mit den Eisenbahnen und der Industrialisierung beginnt ein neues Zeitalter – und Verfinsterung aus dem Qualm der Schlote.

gere Strecken an ihrem Ufer entlangführt, gibt es freilich nicht. Um so mehr bietet sich die Schiffsreise an.

Bevor wir zu ihr uns entschließen, sollten wir ei-

Das Gegenstück zur Industrialisierung bildet die romantische Entdeckung der Natur. Hier betrachtet sie »Der Wanderer über dem Nebelmeer« von Caspar David Friedrich (1784-1840).

nige Gedanken vielleicht dem Reisen überhaupt zuwenden. Jemand, der sich darauf verstand, Johann Wolfgang Goethe, hat gesagt: »Man reist nicht, um anzukommen, sondern um zu reisen.« Im Blick auf die Gegenwart muß man leider hinzufügen: Hier irrt unser Dichterfürst. Fast immer machen wir uns auf den Weg, um die Konferenz in Berlin, die Geschäftsbesprechung in Düsseldorf, die Freundin in Idar-Oberstein oder das Ferienhotel bei Rimini, auf Mallorca, in Florida zu erreichen. Darum kann es nicht schnell genug gehen; darum schauen wir ungeduldig auf die Uhr und ärgern uns über Staus und Verspätungen.

Sofern man vom Wandern oder Radfahren absieht, gibt es im Grunde nur noch eine Ausnahme von der traurigen Regel: die Schiffsreise. Sie bildet den eigentlichen Luxus unserer Epoche – nicht weil sie unerschwinglich teuer wäre, sondern weil sie die Dichterweisheit erfüllt. Sie bietet die Besinnung, die Geruhsamkeit an, die wir immerfort suchen und nirgendwo sonst mehr finden. Statt der knappen, der verlorenen Zeit nachzujagen, genießen wir den Augenblick: »Verweile doch, du bist so schön!«

Vielleicht kann man den Sachverhalt noch etwas anders und gehörig altmodisch in zwei Worten ausdrücken: Schiffsreisen bilden. Und nur ja keine Sorge: Das gilt in einem ebenso selbstverständlichen wie unangestrengten Sinne. Wir lernen Leute und Landschaften kennen, längst Vergessenes taucht aus der Geschichte herauf, und wie unter einem Zauber verwandelt sich das Lästige zum Verlockenden.

Denn überall sonst geht es um die Entfernungen, die wir leider zurücklegen müssen. Zwangsläufig sind andere Menschen dann die ärgerlich viel zu vielen, mit denen wir auf den Autobahnen ums Vorwärtskommen oder im Pferch der Flugzeuge, von Ellenbogen zu Ellenbogen, um den knappen Platz konkurrieren. Je moderner, desto schlimmer. Gerade in den meisten Fluggeräten nahe am Überschall sehen wir uns zum Stillsitzen verurteilt, bis die Glieder schmerzen, die Füße unförmig schwellen und die Gedanken ins Dumpfe mißraten.

Auf dem Schiff aber sind die Mitreisenden keine Konkurrenten, sondern umhegte Gäste wie wir. Darum gedeihen die Gespräche, sei es im Speisesaal, auf dem Sonnendeck oder in der Bar, oft weit bis nach Mitternacht. Ansichten, Welterfahrungen, ganze Lebensgeschichten wechseln hin und her, alles – fast undeutsch – von Leichtigkeit, von Heiterkeit statt von der Barbarei des Besserwissens und Rechtbehaltens unterlegt.

Um wieder den Kontrast zu beschwören: In den Großraumwagen, wie die Deutsche Bahn sie im Intercity-Express als neueste Errungenschaft bietet, hofft man auf die Anonymität. Damit sie nicht gestört werden, stülpen die Leute sich Kopfhörer über. Aber sie selbst stören mit dem Klirren und

Quäken, das aus den Ohrenstöpseln herüberdringt. Vollends beim Autofahren bleiben bloß noch Aggressionssignale wie das ungeduldige Blinken und Hupen.

Ähnlich wie mit den Menschen ist es mit den Landschaften und Städten, die vorüberziehen. Fast folgerichtig werden sie auf modernen Schnelltrassen den Blicken entzogen, sei es in Tunneln oder durch Lärmschutzwände. Denn im Grunde stört auch das Draußen, sei es beim Aktenlesen oder beim Dösen. Ganz anders die Schiffsreisen. Im angemessen langsamen Wechsel, zum Genießen bieten die Bilder sich dar. Wo immer es sich lohnt, legt man zu kürzerem oder längerem Aufenthalt am Ufer an. Kundige Führer warten darauf, uns zu geleiten und das Sehenswerte zu zeigen. Aber niemand sieht sich zum Mitmachen genötigt. Wer will, unternimmt Spaziergänge und Erkundungen auf eigene Faust. Oder er bleibt an Bord, der Stille, der Entspannung, einem Buch hingegeben.

Wahrlich, bei einer Schiffsreise sehen wir Altes und Neues. Wir erfahren im buchstäblichen wie im übertragenen Sinne Menschen und Landschaften – und in ihrem Spiegel womöglich uns selbst. Wir verstehen auf einmal, was Goethe einst meinte. Und Bildung gelingt – aber fern von dem Dünkel und den Lernzwängen, mit denen Generationen von Schulmeistern uns den Begriff und die Sache verleidet haben.

Auf dem Motorschiff »Dresden«

»Ich treffe einen amerikanischen Matrosen und frage ihn, weshalb die Schiffe seines Landes nur für kurze Dauer gebaut sind, und er antwortet mir ohne zu zögern, die Kunst des Schiffbaues mache täglich so große Fortschritte, daß das schönste Schiff bald wertlos wäre, wenn es länger als einige Jahre durchhielte. In diesen zufällig von einem ungebildeten Mann über eine Einzelheit geäußerten Worten erkenne ich die allgemeine und systematische Vorstellung, von der sich ein großes Volk bei der Führung aller Dinge bestimmen läßt.«

Das schrieb im Jahre 1840 der große Franzose Alexis de Tocqueville in seinem berühmten Werk »Über die Demokratie in Amerika«. Für Deutschland trifft nach unseren Wunschvorstellungen das genaue Gegenteil zu. Oder jedenfalls gilt es an der Elbe und ganz bestimmt in Sachsen: Hier baut man solide und für die Dauer. Zu den Schiffen der »Weißen Flotte«, die in Dresden zu Hause ist, gehören ehrwürdige Raddampfer. Bei ihrem Anblick fühlt sich der vom Kino oder vom Fernsehen mit Wildwestfilmen versorgte Zeitgenosse fast auf den Missisippi versetzt. Dort allerdings vertraut man dem Heckantrieb. Hier dagegen tun jeweils seitlich von der Schiffsmitte zwei Schaufelräder ihren Dienst. Mit ihrer Hilfe kann man in den Engpässen der Elbe vorzüglich manövrieren.

Wie man uns versichert, handelt es sich um die ältesten Raddampfer der Welt, die noch funktionstüchtig sind und unverdrossen ihren Dienst tun. Wir werden uns hüten, das in China auf dem Jangtsekiang oder in Brasilien auf dem Amazonas nachzuprüfen. Bemerkenswert ist es in jedem Fall: Zwei Weltkriege tobten, die Reiche stürzten; samt Kaisern und Königen, großdeutschen Führern und kleinformatigen Staatsratsvorsitzenden vergingen und kamen die Regime – im Laufe unseres glorreichen Jahrhunderts vier im Westen und sogar fünf im Osten, ein jedes seines Vorgängers Todfeind. Und Dresden versank im Feuersturm. Aber die Schaufelradschiffe sind geblieben. Auch weiter stromabwärts sieht man sie noch; in Lauenburg zum Beispiel dampft liebenswert bis heute »Kaiser Wilhelm I.«, im Jahre 1900 in Dresden erbaut.

Inzwischen gesellten sich zu den alten die brandneuen Kreationen, wahre, steil aufgetürmte Glaspaläste darunter. Wie weit ihnen die Zukunft gehört, steht dahin. Ihre Architektur ist jedenfalls umstritten; die Volksweisheit redet von schwimmenden Gewächshäusern oder vermutet, daß sie nachts zusammengeklappt werden. Was im übrigen die Namen angeht, so ist für Sachsen natürlich an erster Stelle »August der Starke« zu nennen. Mit dem legendären, vor allem lendenstarken Kurfürsten und König von Polen verkehrt seine kaum weniger bekannte Geliebte, die »Gräfin Cosel«.

Höchst unromantisch allerdings fahren manche Schiffe ganz schlicht im Liniendienst, fast den Straßenbahnen oder Vorortzügen vergleichbar. Andere unternehmen Tagesausflüge; wie von Hamburg stromab und in die Nordsee hinaus bis nach Helgoland, so fährt man von Dresden stromauf in die Sächsische Schweiz. Seit der Wiedervereinigung aber entwickeln sich erneut auch die einwöchigen Kreuzfahrten auf der Elbe, und immer mehr Gesellschaften bieten sie an. Wahrscheinlich sind sie alle zu empfehlen. Aber der Autor ist kein Testfahrer; er kann nur vom Motorschiff »Dresden« berichten, mit dem er selbst seine Reise unternahm.

Es gehört einer Schiffahrtsgesellschaft in Meißen und wird von der Reederei Peter Deilmann im holsteinischen Neustadt betreut. Gebaut wurde es 1991 freilich nicht an der Elbe, sondern fernab im bayerischen Deggendorf. Zu seinem Bestimmungsfluß mußte es daher rund um Europa transportiert werden; bei der imponierenden Länge des Frachtgutes von 97,80 Metern handelte es sich um ein Unternehmen von fast einmaliger Delikatesse.

Die Länge führt gleich zu einer Besonderheit: Die »Dresden« wird weder von Schaufelrädern noch von Schiffsschrauben, vielmehr von Pump-

Noch immer verkehren auf der Elbe ehrwürdige Raddampfer, wie es heißt die ältesten der Welt. Die »Dresden« aber, 1991 erbaut, gehört zu den hochmodernen Passagierschiffen.

Jets angetrieben. Der Laie mag an die Düsenaggregate bei Flugzeugen denken, nur daß hier nicht Luft, sondern Wasser das Element ist, das durch die Düsen gepreßt wird. Weil die Antriebe schwenkbar sind, kann das Schiff sich seitlich und überhaupt zentimetergenau bewegen. Das ist auch nötig, denn zum Beispiel beim Wendemanöver im tschechischen D @in (deutsch: Tetschen) beträgt die Fluß- oder Hafenbreite nur 100 Meter. Es bleiben also vor dem Bug und dem Heck jeweils 110 Zentimeter Spielraum – und das nicht im stillstehenden, sondern bei machtvoll strömendem Wasser!

Angesichts der Schiffslänge (und größten Breite von 11,10 Metern) verblüfft vor allem der Tief- oder vielmehr Flachgang von nur 97 Zentimetern. Er verweist darauf, daß die Elbe noch ein lebendiger, weitgehend unregulierter Fluß ist, in dem die Sandbänke wandern. Darum hilft dem Kapitän Dietmar Mai ein Flachwasserecholot bei der schwierigen Aufgabe, sein stolzes Schiff in der Fahrrinne zu halten. Trotzdem kann es geschehen, daß bei Niedrigwasser die Schiffahrt auf der Mittelelbe eingestellt werden muß – wie andererseits auch bei Hochwasser, wenn die bewußt niedrig gehaltenen Aufbauten dennoch nicht unter Brücken hindurchpassen. Natürlich ärgert dieser Zustand die Verkehrsexperten, die über Plänen zur Abhilfe brüten. Aber gerade ihre Natürlichkeit, ihr Eigenwille gibt der Elbe Charme und Charakter, um von den Auen und von der Vogelwelt an ihren Ufern noch gar nicht zu reden. Es wäre ein Frevel, ihr zu rauben, was sie vor anderen Flüssen auszeichnet.

Um uns nun dem Wohl der Gäste im schwimmenden Hotel zuzuwenden: Es versteht sich, daß alle Räume klimatisiert sind, der Speisesaal und die

Aufenthaltsräume ebenso wie die Kabinen und Suiten für insgesamt 110 Passagiere. So kann man mit kühlem Kopf tafeln und ruhen, während man andererseits auf dem Oberdeck entweder die Sommersonne oder unter aufgespannten Schirmen den Schatten genießt.

Zu den Glanzstücken jeder Kreuzfahrt gehören die Gaumenfreuden, und die »Dresden« bestätigt diese schöne Regel. Um nur die Abfolge des Empfangsdiners aufzuzählen: Tranchen geräucherter Gänsebrust auf Apfel-Selleriesalat mit Nüssen – Wildessenz mit gefüllter Morchel – Lachsstrudel auf Lauchgemüse – Zitronensorbet mit Wodka – Roastbeef rosa an Schalottenjus mit Gartengemüse und gratinierten Kartoffeln – Mousse von brauner Schokolade – Auswahl diverser Rohmilchkäse – Kaffee oder Tee – Pralinen. Nichts Übertriebenes und nichts in unbekömmlichen Mengen, alles vorzüglich zubereitet: Wem läuft da nicht das Wasser im Munde zusammen? Übrigens speist man im Bugraum des Schiffes hinter großen Glasfenstern, so daß man über den Tafelrunden auch den Augenschmaus der vorüberziehenden Landschaft nicht versäumt.

Nach einem Abendessen übertrifft sich der unermüdliche Hoteldirektor Thomas Ulrich selbst bei der »original sächsischen Weinverkostung«. Wein aus Sachsen, an den Elbhügeln gezogen, statt aus Baden oder vom Rhein? Ja, den gibt es, zwar nicht in den Mengen, die die Märkte überschwemmen, aber in vorzüglicher Qualität, entgegen allen Behauptungen, daß man ihn schnell trinken müsse, weil sonst die Säure das Glas zerfrißt. Nein: In den letzten Jahren sind bei bundesdeutschen Vorstellungen sächsische Weine mit Recht und weit über dem Durchschnitt ausgezeichnet worden.

Freilich führt der Sachverhalt zu einer beinahe tragischen Konsequenz. Weil diese sächsischen Weine so gut schmecken und selbst bei ausladendem Zuspruch mit keinem Anhauch von Kopfweh oder Magenbeschwerden bezahlt werden müssen, trinken wir fortan nur noch sie. Am Ende ringt dann Herr Ulrich die Hände, als Opfer seines eigenen Erfolges: Wovon soll er auf der Rückfahrt von Hamburg nach Dresden die Weinprobe bestreiten, wenn wir ihn um alle Vorräte gebracht haben?

Ein Preusse im Königreich Sachsen

Als Eingeständnis vorweg: Von Geburt und Erziehung bin ich ein Preuße – und von Neigung sogar, je tiefer ins Alter hinein, desto deutlicher. So weit es sich denken läßt, hat meine Familie dem Staat Offiziere und Beamte gestellt; wenn man bei Festen ein Hoch auf »den obersten Kriegsherrn« ausbrachte, dann war bis zuletzt der König von Preußen und nicht Adolf Hitler gemeint. Selbstverständlich hing über dem Kamin im Herrenzimmer das Bild Friedrichs des Großen.

Einst hing es auch in bayerischen Stuben und kündete, gleich neben der Jungfrau Maria, gewissermaßen vom weltlichen Nothelfer. Denn zweimal hat Friedrich Bayern vor dem Zugriff des Kaisers in Wien, Josephs II., gerettet. Die »Erbfeindschaft« zwischen Bayern und Preußen ist daher eine späte, eine nachträgliche Erfindung.

Wie anders die Sachsen! Sie allerdings haben es mit dem Nachbarn im Norden handfest und sehr bitter zu tun bekommen. 1756, zum Auftakt des Siebenjährigen Krieges, überfiel Fridericus Rex ihr Land und plünderte es danach rücksichtslos aus. 1760 ließ der Mann aus Potsdam Dresden beschießen und verwüstete die Stadt, zwar nicht ganz so gründlich wie die Bombenangriffe vom Februar 1945, aber noch schlimm genug. Erst recht schlimm erging es den Sachsen 1815 beim Wiener Kongreß. Da mußten sie wichtige Landesteile, mehr als die Hälfte ihres schon vorher nicht großen Königreiches, an Preußen abtreten, angeblich zur Strafe dafür, daß sie Napoleon die Treue hielten. Genauer: Sie büßten für ihren König.

Um der historischen Bildung aufzuhelfen: Im Jahre 1806, nach der preußischen Katastrophe bei Jena und Auerstedt, fügte sich Kurfürst Friedrich August III. ins Unvermeidliche und schloß sich dem Rheinbund, das heißt Napoleon an, wie vor ihm schon viele Fürsten des versunkenen Römischen Reiches Deutscher Nation. Dafür wurde er, nunmehr als Friedrich August I., mit der Königswürde belohnt. 1813 aber konnte er sich nicht dazu durchringen, seinen Verbündeten zu verraten. Darum wurde er nach der Völkerschlacht bei Leipzig zum Gefangenen der Sieger.

Mit anderen Worten: Es mangelte diesem König von Sachsen, dem übrigens seine Landeskinder den Beinamen »der Gerechte« verliehen, an politischem Talent zur Charakterlosigkeit. Ohnehin ist ja nach klassischer Einsicht der Verrat eine Frage des Datums. In Wahrheit ging es um wenige Monate oder Wochen; andere Fürsten haben nur ein wenig schneller reagiert. Zu denen, die vor dem Front-

Von der Elbe her bietet sich die Schönheit Dresdens am reichsten dar. Mit Recht wird die Brühlsche Terrasse – hier ein Ausschnitt mit Kunstakademie und Kunstverein – der »Balkon Europas« genannt.

August der Starke (1670-1733),
war kein sparsamer »Soldatenkönig« wie
sein preußischer Amtskollege. Doch sein Kunstsinn
erschuf, was die Dresdener ihm bis heute danken.
Gemälde von Louis de Silvestre (1675-1760).

wechsel von 1813 lange zögerten, gehörte auch der König von Preußen.

Im Jahre 1866 geriet das kleine Königreich wieder einmal auf die Seite der Verlierer, und ein mißratener sächsischer Offizierssohn, der Historiker und »Herold der Reichsgründung« Heinrich von Treitschke, forderte die Angliederung seiner Heimat an Preußen. Dafür hat ihn die Familie mit Recht verstoßen. Die Rache Sachsens an Preußen ließ auf sich warten, aber sie kam. Sie stammte aus Leipzig und hieß Walter Ulbricht.

Unsere Bahnreise nach Dresden führt über Leipzig, und der Blick aus dem Fenster bestätigt die Vorurteile. Um es milde auszudrücken: eine weithin flache, wenig einladende, waldarme Landschaft, dicht besiedelt zwar, doch pockennarbig entstellt von den Jahrzehnten einer sozialistisch mißhandelten Wirtschaft.

Man versteht die Dresdener, die immer schon behaupteten, das schönste an Leipzig sei der Zug nach Dresden. Freilich erkennt man überall auch die Zeichen des Aufbruchs in die Zukunft – und nicht nur, aber besonders in Leipzig vor lauter Baukränen kaum mehr die Städte.

Unwillkürlich erinnert man sich: Seit jeher, jedenfalls lange bevor das armselig rückständige Preußen aus Sumpf und Sand herausfand, war Sachsen ein wohlhabendes Land. Das Erzgebirge lieferte – wie der Name sagt – die wertvollen

Metalle, vor allem Silber. Tuchmanufakturen wurden gegründet, Glashütten entstanden, die Handwerke gediehen. Leipzig entwickelte sich zur Handelsmetropole, zum weitaus wichtigsten unter Deutschlands Messeplätzen. Ob Rauchwaren und damit der Pelzhandel oder die Bücher: Die Stadt an der Elster und der Pleiße lief Nürnberg und Frankfurt am Main den Rang ab. Oder wie die Sachsen es wußten: Das Geld, das man in Chemnitz verdiente, wurde in Leipzig vermehrt – und in Dresden ausgegeben. Erst nach 1945 ging mit der deutschen Teilung die jahrhundertealte Vorherrschaft wieder verloren.

Aber Leipzig war auch ein Ort der Künste, besonders der Musik. Von 1723 bis 1750 hieß der Kantor der Thomaskirche Johann Sebastian Bach; mit dem Chor aus der Thomasschule, deren Geschichte bis ins Jahr 1212 zurückreicht, führte er seine Kantaten auf. Nicht zuletzt wäre an die Stätte der Gelehrsamkeit zu erinnern. Zu den Studenten, die die 1409 gegründete Universität besuchten, gehörten im Jahrhundert des Aufbruchs zur klassischen deutschen Literatur Klopstock, Lessing, Goethe und Jean Paul. Darum gab man sich nicht nur in Auerbachs Keller weltläufig und sah den Zugereisten an, daß sie aus der Provinz – zum Beispiel aus Frankfurt – kamen:

»Wahrhaftig, du hast recht! Mein Leipzig lob' ich mir!
Es ist ein klein Paris und bildet seine Leute.«

Der Alchemist Johann Friedrich Böttger (1682-1719) fand zwar kein Gold, aber das Porzellan – und damit eine Grundlage der sächsischen Prachtentfaltung. 1710 entstand die Meißener Manufaktur.

Um zur Wirtschaft und zur Kunst des Geldvermehrens zurückzukehren: Der Schleizer Alchimist Johann Friedrich Böttger (oder Böttiger, 1682-1719), aus Preußen nach Sachsen geflohen, erfand das Porzellan, das der Manufaktur in Meißen zu Weltruhm und den Landesherren zu Einkünften verhalf, mit denen sie wiederum Handwerker,

*Kronentor und Langgalerie des Dresdener Zwingers.
Er stellt sich dar als steingewordene Musik,
wie eine Aufforderung zur Freude, zum Tanz und
zum festlichen Lebensgenuß.*

Architekten, Bildhauer, Maler und Musiker in Lohn und Brot setzten. Am wichtigsten waren und blieben jedoch immer der Einfallsreichtum, die Lernbereitschaft, die Weltoffenheit und der Fleiß der Sachsen. Bis 1945 bildete ihr Land und nicht etwa Württemberg unsere führende Industrieregion. Wenn also die »blühenden Landschaften« tatsächlich entstehen sollten, die Helmut Kohl mit der Wiedervereinigung verhieß, dann wird es sie hier geben.

Ankunft in Dresden und noch einmal der Trübsinn: Rings um den Hauptbahnhof breiten sich Ödflächen aus, von noch öderen Plattenbauten umstellt. Von »einem steingewordenen Bericht des Politbüros an das Zentralkomitee« hat jemand gesprochen. Zu ihm würde »der rote Bahnhofsvorsteher« durchaus noch passen, den es als Zierde oder zum Ansporn einmal hier gab. Aber schnöde hat man ihn – nämlich Lenin – von seinem Sockel gestoßen und an einen Liebhaber im Westen verkauft. Ja, Ödnis: Sogar auf das Taxi müssen wir warten, als seien wir nicht in einer Landeshauptstadt, sondern in Ottendorf-Okrilla oder irgendwo sonst in der finsteren Provinz.

Das Bild ändert sich erst am Elbufer, wo das Schiff uns erwartet. Auf einmal erkennt man, was der Dichter aus Preußen Heinrich von Kleist gesehen hat: »Dresden hat eine große feierliche Lage in der Mitte der umkränzenden Elbhöhen, die in einiger Entfernung, als ob sie aus Ehrfurcht nicht näher zu treten wagten, es umlagern.«

Über die Schönheit dieser Stadt und den Schrecken des Feuersturms am 13. und 14. Februar 1945 ist so viel schon gesagt und geschrieben worden, daß man sich als Besucher scheut, noch etwas hinzuzufügen. Der greise Gerhart Hauptmann, der von Oberloschwitz aus zum Zeugen wurde, hat die Totenklage gesprochen: »Wer das Weinen verlernt hat, der lernt es wieder beim Untergang Dresdens. Dieser heitere Morgenstern der Jugend hat bisher der Welt geleuchtet…«

Nach 1945 paarten sich Torheit und Arroganz. Ein sozialistisches Dresden brauche »weder Kirchen noch Barockfassaden«, behauptete der Bürgermeister Walter Weidauer. Dagegen stand ein Mann wie Hans Nadler; im zäh verbundenen Widerstand von Sachkenntnis und Bürgersinn ist gegen die Abrißwut der Obrigkeit immerhin ein Kernbestand der Altstadt erhalten oder restauriert worden, und der Wiederaufbau des schmerzlich Vermißten – vor allem der Frauenkirche – schließt sich jetzt an. Mit Durs Grünbein zu reden: »Nur in Dresden (oder den USA) ist ein Märchenwunsch wie der nach einer neuen Frauenkirche denkbar. Animation, das ist hier gleichzeitig der Zaubertrick am Computer wie die Belebung der Steine aus dem Geist des Lokalpatriotismus.«

Wir spazieren vom Albertinum an der Kunst-

Die Frauenkirche vor ihrer Zerstörung. Ihr Wiederaufbau gehört zu den Träumen unserer Zeit, die der Geist des Lokalpatriotismus in die Wirklichkeit übersetzt.

akademie vorüber zum Johanneum und zum Stallhof. Dort begegnet uns der Fürstenzug mit den auf mehr als 24000 Meißener Porzellankacheln verewigten wettinischen Herrschern; unvermutet allerdings schließt er bürgerlich ab – oder wie es sich für Dresden gehört: mit verdienten Künstlern. Weiter führt der Weg zur Hofkirche, zum Schloß und zum Taschenbergpalais, schließlich zum Zwinger, zur Gemäldegalerie, zur Semperoper und zum Italienischen Dörfchen. Genug, genug: Wer dieses einmalige Ensemble durchwandert, der bekommt mehr zu sehen, als seine Sinne zu fassen vermögen.

Um nur zum Zwinger noch etwas zu sagen oder vielmehr zu fragen: Wozu überhaupt brauchte man ihn, wenn es gleich nebenan doch schon das Schloß gab? Als steingewordene Musik, muß die Antwort wohl lauten, als eine Aufforderung zur Freude, zum Tanz, um das Leben in all seiner Schönheit zu erkennen, um es als ein Fest zu empfangen und zu genießen. Vielleicht muß man in Dresden geboren sein, um das ganz zu begreifen; vielleicht sollte man nachlesen, was Erich Kästner, der Junge aus der Neustadt, geschrieben hat: »Ich mußte, was schön sei, nicht aus Büchern lernen. Ich durfte die Schönheit einatmen wie Försterkinder die Waldluft.« Dem Besucher aus Preußen bleibt indessen nur ein neidblasses Seufzen: »So etwas konnten wir uns nicht leisten.«

Ach, und dabei ist er auf der Brühlschen Terrasse, dem »Balkon Europas«, noch gar nicht gewesen, nicht in den Gemäldesammlungen – und nicht im »Grünen Gewölbe«. Vorläufig kann es nur einen Teil seiner Schätze zeigen, eine sehr sonderbare Mischung aus Prachtentfaltung, höchstem Kunstsinn und Kitsch. Oder wie sonst soll man diesen Prunk benennen? Was vom »Mohren mit der Smaragdstufe« halten, der eigentlich ein Indianer sein sollte? Was von der Groteskfigur des »Einäugigen Bettlers auf einem Stelzfuß«? Was in aller Welt vom »Hofstaat zu Delhi am Geburtstag des Großmoguls Aureng-Zeb«? Sieben Jahre lang, für knapp 60000 Taler, hat der Goldschmied Johann Melchior Dinglinger mit seinem Bruder daran gearbeitet: auf einer Fläche von einem Quadratmeter an 132 winzigen Figuren aus emailliertem Gold, mit 4909 Diamanten, 164 Smaragden, 160 Rubinen und 16 Perlen geschmückt.

Vieles mehr müßte man natürlich einbeziehen, zum Beispiel die Sommerresidenz in Pillnitz. Der Preuße, dem sein bescheidenes Sanssouci über alles geht, staunt einmal mehr: Hier haben sich, samt Elblage und der Freitreppe zu ihr hinunter, gleich drei Schlösser zusammengefunden: das Wasserpalais, das Bergpalais und das Neue Palais. Und natürlich gibt es dazu auch die Gartenanlagen in der Mehrzahl, sogar vierfach: französisch, englisch, holländisch und chinesisch.

Der elfenbeinerne Bettler auf dem Stelzfuß, gerade 14 Zentimeter hoch, mit vergoldetem Silber, Diamanten, Smaragden und Rubinen, zählt zu den sonderbaren Schätzen des »Grünen Gewölbes«.

Ständig ist vom König die Rede, dem wir alle die Herrlichkeiten verdanken. Gemeint ist August der Starke (1670-1733), obwohl der streng genommen in Sachsen nur Kurfürst war. Die Königskrone, die er 1697 erwarb, gehörte nach Polen. (Dieser Abglanz aus der Ferne ließ den brandenburgischen Nachbarn nicht mehr ruhen, der sich dann vier Jahre später zum »König in Preußen« beförderte.) Doch lassen wir das Mäkeln: Am anderen Elbufer, auf dem Neustädter Markt, darf man Seine Majestät als den »Goldenen Reiter« bewundern.

Die Augustusbrücke, die zu ihm hinführt, war zwischenzeitlich nach dem bulgarischen Kommunisten Georgi Dimitrov – in anderer Schreibweise Dimitroff – benannt worden. Er gelangte im Reichstagsbrandprozeß von 1933 zu Ehren und versetzte den preußischen Ministerpräsidenten Hermann Göring in Wut und Verlegenheit. Doch der sächsische Brückenwitz wußte stets schon besser, was wirklich gemeint war, und kehrte zielstrebig zum König zurück. Der nämlich, so hieß es, beobachtete vom Fenster aus die schönen Mädchen, die über den Schloßplatz spazierten, wies auf die eine oder andere, die ihm gefiel, und sagte zum Lakaien: »Die mit roff – und die mit roff!«

Ebenfalls am anderen Ufer, hinter den bekannten und gottlob nicht verbauten Elbwiesen erhebt sich unserem Schiffsliegeplatz genau gegenüber ein großes Regierungsgebäude. »Königlich Sächsisches

Ministerium des Innern« steht daran in Goldbuchstaben geschrieben, und vor allem die Krone auf dem Dach erstrahlt im frisch übergoldeten Glanz. Wenn also der Augenschein nicht trügt, haben wir es endlich wieder mit einem König von Sachsen zu tun. Tatsächlich wird teils im Spott, teils aber mit dem angemessenen Respekt der so genannt, der jetzt hier regiert: Kurt Biedenkopf. Wie es sich in einem traditionell dem schöneren Geschlecht ergebenen Land gehört, regiert er mit seiner Gemahlin, die in der Verfassung nicht vorgesehen ist.

Yin und Yang

Von all meinen Eindrücken erschöpft, betrete ich die Hofkirche, setze mich in eine Bank und gerate ins Grübeln. Sachsen und Preußen: Wie eigentlich soll man den Kontrast beschreiben? Und wie ihn erklären? Fast möchte man meinen, daß zwei menschliche Grundmöglichkeiten zu ihrer Gestalt gekommen sind. Yin und Yang, um es mit der chinesischen Weisheit zu sagen: das Weibliche und Weiche auf dem einen, das Männliche, Harte auf dem anderen Pol. Oder: Liebe und Pflicht, Schönheit und Macht.

Man betrachte vielleicht nicht gerade den martialisch stilisierten »Goldenen Reiter«, aber Bilder Augusts des Starken oder seines Sohnes, Augusts III.: Die Züge sind unverkennbar, die ins Weiche und Empfindsame weisen. Den Sachsen werden sie ohnehin nachgesagt. Es ist schwer, mit ihnen zu streiten. »Nu, wennses so sähn, hamse nadierlich ooch wieder rescht«, beschwichtigen sie. So bekömmlich das fürs Miteinander sein mag, zum politischen Prinzip, zum Kampf um den Rang einer deutschen und europäischen Großmacht taugt es wohl wenig.

Dagegen die Preußen mit ihrer Willensanspannung bis zum Äußersten, bis in den Tod: »Parol' auf dieser Welt ist nichts als Müh' und Arbeit«, hat der »Soldatenkönig« bekannt, und Friedrich der Große hat die ein für allemal gültige Formel gefunden, die dann für viele preußisch-deutsche Generationen zum Lehr- und Leitsatz geworden ist: »Es ist nicht nötig, daß ich lebe, wohl aber, daß ich meine Pflicht tue.« Allenfalls gab es noch Abwandlungen: »Patriae inserviendo consumor« – »Im Dienste des

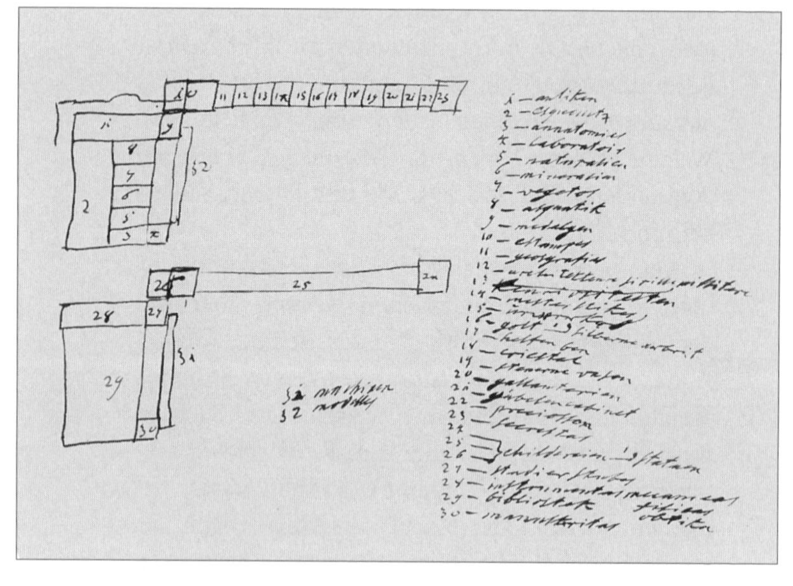

Während die Preußenkönige Soldaten exerzierten, regierte in Sachsen der Kunstsinn. Hier eine Handskizze Augusts des Starken zur Einrichtung der königlichen Sammlungen.

Vaterlandes verzehre ich mich«, hieß Bismarcks Wahlspruch.

Womöglich sollte man sich noch einmal und etwas genauer das Taschenbergpalais ansehen. Wie so vieles in Dresden hat Matthäus Daniel Pöppelmann (1662-1736) es erbaut; von 1707 bis 1711. Später wurden noch Seitenflügel angefügt. Im Zusammenwirken von Denkmalpflege und Geschäftssinn ist es inzwischen als Luxushotel auferstanden. Doch es wurde als Residenz für die Gräfin Cosel entworfen, die Geliebte Augusts des Starken, die er dann freilich verstieß und auf der Festung Stolpen festsetzen ließ. Aber das geschah durchaus nicht aus moralischen Bedenken, im Gegenteil: Die Dame erwies sich sozusagen als nicht sächsisch genug und fiel August mit einem Monopolgelüst auf die Nerven, mit dem Eheversprechen, das der starke Mann ihr in einer schwachen Stunde gegeben hatte.

Man denke: solch ein Mätressenpalast gleich neben dem Schloß! Und man stelle sich das in Preußen vor. Nein, das gelingt nicht; nur der Neffe und Nachfolger Friedrichs des Großen, Friedrich Wilhelm II., der von 1786 bis 1797 für elf kurze Jahre regierte, wurde »der Vielgeliebte« genannt und hat sich so auch verhalten. Dem preußischen Bildhauer Johann Gottfried Schadow (1764-1850) verdanken wir die wunderbar weibliche Figurengruppe der Kronprinzessin Luise und ihrer Schwester Friederike. Doch man lese, was Schadow über Preußens »sächsische« Jahre geschrieben hat:

»Zur Zeit Friedrich Wilhelms des Zweiten herrschte die größte Liederlichkeit, alles besoff sich in Champagner, fraß die größten Leckereien, frönte allen Lüsten. Ganz Potsdam war wie ein Bordell; alle Familien dort suchten nur mit dem Könige, mit dem Hof zu tun zu haben, Frauen und Töchter bot man um die Wette an, die größten Adligen waren am eifrigsten. Die Leute, die das wüste Leben mitgemacht haben, sind alle früh gestorben, zum Teil elendiglich, der König an der Spitze.«

Sodom und Gomorrha also, von Gott verurteilt und vertilgt. Ähnlich haben uns später die borussischen Historiker belehrt: Die Schicksalsstrafe folgte mit dem preußischen Zusammenbruch im Jahre 1806. Es versteht sich, daß Wilhelmine Rietz, geborene Enke und seit 1796 Gräfin Lichtenau, die Mätresse Friedrich Wilhelms II., nach dem Tod des Königs sofort um den Hauptteil ihres Vermögens gebracht und weitab nach Glogau verbannt wurde. Noch heute ist es schwerlich denkbar, daß eine »Gräfin Lichtenau« als Ausflugsschiff auf der Havel verkehren könnte wie die »Gräfin Cosel« auf der Elbe.

Aber nun im Gegensatz zu alledem die beiden wahrhaft großen Preußenkönige! Sie gelten als ruhmwürdig, weil sie ganz auf das Männliche, das Soldatische, das Heldische eingestellt sind. Fried-

Die Gräfin Anna Constanze Cosel,
Geliebte Augusts des Starken.
Gemälde um 1711 von Adám Mányoki (1673-1749).
Als sie älter und lästig wurde, hat August sie in den
»Coselturm« zu Stolpen verbannt.

rich Wilhelm I. hat bekannt: »Das schönste Mädchen, das man mir verschaffte, wäre mir gleichgültig. Aber Soldaten, das ist meine Schwäche, damit kann man mich so weit bringen, wie man will.« Friedrich der Große hat eher verlegen gesagt: »Mit Damen weiß ich nicht wohin.« Dafür wußte er genau, wohin er seine Grenadiere und Dragoner schicken sollte: Erst nach Schlesien und dann nach Sachsen.

Denkwürdig bleibt, daß auch in Sachsen zwei Herrscher von Rang aufeinander gefolgt sind. Zwar heißt es in Georg Webers »Lehrbuch der Weltgeschichte« (14. Auflage Leipzig 1870) schon von August dem Starken, daß er »für Sachsen ein großes Unglück« gewesen sei. Erst recht gilt in der historisch siegreichen, also der preußischen Perspektive sein Sohn, August III. (1696-1763), als ein Versager. Aber im sächsischen Sinne hat er das Werk seines Vaters weitergeführt und gekrönt, vor allem im Bereich der Gemäldesammlungen. 1747 ist der junge Venezianer Bernardo Bellotto nach Dresden gekommen, der sich nach einem schon berühmten Onkel Canaletto nannte. Und überall in Europa unterhielt man Agenten; so erfuhr man etwa von den Geldverlegenheiten eines böhmischen Standesherrn oder einer Erbengemeinschaft in Paris und erwarb dann Gemälde von Weltrang.

Um nur ein Beispiel zu erwähnen: In einem Kloster des norditalienischen Piacenza hing Raffaels »Sixtinische Madonna«. Als nun im Jahre 1753 das Kloster sich vor Schulden kaum noch zu retten wußte, erwarb August III. das Gemälde für 12000 Zechinen. 8000 Zechinen kamen für Exportgenehmigungen – oder als Bestechungsgelder – noch hinzu. Sogar der Papst gab seinen Segen; vielleicht erwartete er von den Wettinern, daß sie ihr Land wieder zur alten Kirche bekehrten. Und so haben denn die Bilderkäufe den sächsischen Ruhm, den Glanz Dresdens mitbegründet – indessen Preußen längst schon dahin ist.

Der leitende Staatsmann Augusts III., sozusagen sein Geschäftsführer, war Heinrich Graf von Brühl (1700-1763). Wie man den Geschäfts- mit dem Schönheitssinn glücklich verbindet, hat er bewiesen, als er sich von seinem Kurfürsten ein Stück der Dresdener Festungsmauer schenken ließ und es in die Brühlsche Terrasse, den »Balkon Europas«, verwandelte. Es versteht sich, daß in der borussischen Perspektive auch Brühl als eine Kreatur erscheint, die man nach Herzenslust schmähen und verachten darf. Aber was wiederum wäre Dresden ohne ihn?

Übrigens hat schon Friedrich der Große diesen sächsischen Staatsmann gehaßt und verfolgt. Er ließ Brühls Lieblingsschloß zerstören; gleichzeitig befahl er, das kurfürstliche Jagdschloß Hubertusburg zu plündern. Daran immerhin knüpft sich eine preußische Geschichte, die es wert ist, auch hier erzählt zu werden. Der Oberst von der Marwitz, der die Plünderung durchführen und mit den Kunstschätzen des Schlosses belohnt werden sollte, verweigerte den Befehl: Der gehe gegen seine Ehre. Den Grabstein dieses Marwitz kann man noch heute im märkischen Friedersdorf (zwei Kilometer südlich von Seelow) besuchen. Auf ihm steht geschrieben:

ER SAH FRIEDRICHS HELDENZEIT
UND KÄMPFTE MIT IHM
IN ALLEN SEINEN KRIEGEN
WÄHLTE UNGNADE
WO GEHORSAM NICHT EHRE BRACHTE.

Sachsen und Preußen, Yin und Yang: Gemäß der chinesischen Weisheit ergibt erst ihr Miteinander den Vollklang des Menschlichen. Davon kann in Deutschland leider nicht die Rede sein, bloß von den Mißtönen oder den Zwischenfällen, in die man gerät, wenn man einander besucht. Im Jahre 1728 wurde der Soldatenkönig Friedrich Wilhelm I. mit dem sechzehnjährigen Kronprinzen Friedrich an den sächsischen Hof geladen, und natürlich hat man aus diesem Anlaß all die Pracht entfaltet, die August der Starke aufbieten konnte. Daß sie dem Preußen gefiel, ist kaum zu vermuten. Ohnehin nahm er sich in der galanten Umgebung wie ein täppischer Bär, um nicht zu sagen als Barbar aus; seine Ballhose platzte, und eine zweite hatte er nicht mitgebracht.

Noch vieles andere geschah. An einem Abend führte August seine Gäste durch die Schloßräume. Eine Tapetenwand fiel; dahinter lag hüllenlos eine schöne Mätresse, die Gräfin Formera. Geistesgegenwärtig riß Friedrich Wilhelm den Hut vom Kopf und hielt ihn dem Sohn vors Gesicht. Vielleicht nicht schnell genug: Friedrichs Schwester Wilhelmine hat später kolportiert, daß die Formera

Mißverständnisse unter Nachbarn: August zeigt dem preußischen Gast eine unbekleidete Mätresse, doch Friedrich Wilhelm I. reißt den Hut vom Kopf und hält ihn seinem Sohn, dem halbwüchsigen Friedrich, vors Gesicht. Zeichnung von Adolph v. Menzel (1815-1905).

den Jüngling in die Liebe einführte. Wahrscheinlich handelt es sich um eine bewußt fabrizierte Legende, um dem Ansehen des Bruders aufzuhelfen und den Verdacht zu ersticken, daß er der Norm nicht genüge.

Wie dem auch sei: Im Gegensatz zu seinem Vater blühte Friedrich in Dresden förmlich auf. Er jedenfalls paßte durchaus hierher; er glänzte mit Flötenspiel und Konversation. Einen glücklichen Brief an seine Schwester unterzeichnete er mit mehr Stolz denn Rechtschreibkunst als »Frédéric le Pfilosophe«.

Um so schlimmer wütete nach der Heimkehr der Soldatenkönig gegen die »effiminierten«, also weibischen, sozusagen sächsischen Neigungen seines Sohnes. Die Beziehung trieb ihrer Katastrophe entgegen, bis zu Friedrichs Fluchtversuch, Gefangennahme und Einkerkerung in Küstrin. Und bis zur Hinrichtung des Freundes und Fluchthelfers Katte vor seinen Augen. Am Ende siegte der Vater; Friedrich ist der exemplarische Preuße und der Große geworden. Aber er hat dafür mit der immer wachsenden Vereinsamung und Menschenverachtung bezahlt, der am Ende als Gefährten bloß noch die Hunde blieben.

Es stellt sich nun die Frage: Wie eigentlich ist der sächsisch-preußische Elementargegensatz entstanden? Er war ja nicht von Anfang an da, nicht als eine irgendwie von Gott gegebene Stammes-

»Natur«; noch im 17. Jahrhundert hätte ihn niemand erkannt. Preußen und Sachsen waren ohnehin keine Stammeslande, sondern aus Gebieten und Menschen sehr verschiedenen Ursprungs zusammengefügt. Gibt es überhaupt eine Erklärung? Oder muß man einfach vom Zufall der Herrscherpersönlichkeiten ausgehen? Nein, es kommt mehr ins Spiel, bis in die Glaubensformen hinein.

August der Starke hat die Konfession gewechselt. Er hat das Luthertum aufgegeben, um katholisch zu werden, und das war wirklich ein starkes Stück, über alle seine Kraftproben etwa beim Hufeisenverbiegen weit hinaus. Zunächst einmal handelte es sich natürlich um eine Voraussetzung dafür, daß er im Jahre 1697 zum König von Polen gewählt werden konnte. Doch aus Sachsen stammte die Reformation. Kurfürst Friedrich III., der Weise genannt, hat Martin Luther gefördert, beschützt und als »Junker Jörg« auf der Wartburg versteckt. Etwas später hat Moritz von Sachsen sich zunächst zwar mit Kaiser Karl V. verbündet, ihm dann aber den Weg verstellt. So hat er verhindert, daß die Gegenreformation siegte. Wie kaum ein zweiter hat er den Verlauf unserer Geschichte beeinflußt; ihm ist es zu danken oder – je nach der Perspektive – als Schuld zuzurechnen, daß aus Deutschland kein nördliches Spanien oder zweites Polen geworden ist.

Heute, in einer fast schon nachchristlichen Zeit,

kann man sich die Aufregung kaum noch vorstellen, die Augusts Glaubenswechsel verursachte. Noch Jahrzehnte später, 1738, als man in Dresden mit dem Bau der katholischen Hofkirche begann, war zunächst nur von einem »gewissen Gebäude« die Rede, um die Protestanten nicht in Unruhe zu versetzen und womöglich zum Aufruhr zu treiben. 1697 aber lag der Dreißigjährige Krieg erst um ein halbes Jahrhundert zurück. Er hatte sich am Konfessionsstreit entzündet, und überall erzählte man noch von den Schrecken, die er verursachte. Im übrigen sagte die Friedensformel von Münster und Osnabrück, daß jeder Fürst die Konfession seiner Untertanen bestimmen solle: Cuius regio, eius religio. War also das Papistenjoch den aufrecht lutherischen Sachsen schon nahe?

August beeilte sich, das Gegenteil zu bekunden: Er werde Toleranz üben und niemanden zwingen, ihm zu folgen. Dieses Versprechen hat er gehalten, sogar in der eigenen Familie. Seine Gemahlin Christiane Eberhardine von Ansbach-Bayreuth, die er 1693 heiratete und die bald getrennt von ihm lebte, ist lutherisch geblieben.

Freilich war die Duldsamkeit keineswegs selbstverständlich, die nun wiederum den Untertanen gegenüber ihrem Kurfürsten abverlangt wurde. Wie Sebastian Haffner es von dem Nachbarn in Norden gesagt hat: »Die Toleranz, die uns heute als ein Ruhmestitel Preußens erscheint, war für seine

Untertanen im 17. Jahrhundert und noch lange danach, bis ins 18. Jahrhundert hinein, ein harter Zwang, härter und weniger begreiflich als Militarismus, Steuerdruck und Junkerherrschaft.«

In Brandenburg-Preußen gab es also ein ähnliches Problem, sogar länger schon als in Sachsen: Im Jahre 1613 trat der Kurfürst Johann Sigismund zum Calvinismus über, wie üblich mit politischem Hintersinn: Im Streit um Gebietsansprüche am Niederrhein wollte er die Unterstützung der Niederlande gewinnen. Seitdem regierten die Hohenzollern als Refomierte ihre lutherischen Untertanen. Und man glaube nur nicht, daß das einfacher war. Je näher man eigentlich beieinander ist, desto bitterer gerät durchweg der Streit. »Lieber die Türken im Land als die Reformierten«, hieß ein unter Deutschlands Lutheranern geläufiger Spruch. Immerhin hat man sich in Sachsen wie in Brandenburg-Preußen allmählich doch aneinander gewöhnt und gelernt, daß es ein Auskommen gab. Seitdem kann man von einer sächsischen Toleranz ebenso sprechen wie von der preußischen: Endlich einmal eine Übereinkunft!

Wichtig war dann, daß es hier wie dort doch um mehr ging als bloß um politische Schachzüge. Zu dem Schönheitsverlangen Augusts des Starken paßte die Sinnlichkeit, die Formen- und Farbenfreude des katholischen Barock gewiß weit besser als ein gewissensstreng umdüstertes Luthertum, das Vergleichbares schwerlich anbieten konnte, sofern man von der Musik einmal absieht. Der »Soldatenkönig« Friedrich Wilhelm I. dagegen, Augusts preußischer Zeitgenosse und persönlich ein sehr frommer Mann, besuchte in seinen Jugendjahren die Niederlande. Dort lernte er ein blühen-

des, im Vergleich zu dem armselig rückständigen Preußen beinahe unvorstellbar wohlhabendes Land kennen. Als Regent hat er darum mit all seiner Energie den Untertanen die calvinistischen Tugenden eingeprägt, notfalls eingeprügelt, die wir seither die preußischen nennen: Sparsamkeit, Ord-

Beim Jagdschloß von Moritzburg inszenierten die sächsischen Herrscher als Schauspiel, was sie nicht hatten: den Zugang zum Meer samt Leuchtturm, Schiffen und See-»Schlachten«.

nungssinn, Fleiß, Leistungsbereitschaft und Pflichterfüllung.

Genau umgekehrt verlief die Entwicklung in Sachsen. Den Fleiß mußte man hier den Leuten nicht erst predigen oder gar einprügeln, den kannten und übten sie längst. Doch vom katholischen Herrscherhaus her, mit einem ähnlich wie in Preußen auf seine nur ganz andere Weise überragenden Regenten, verband sich mit dem Luthertum auf einmal ein Empfinden für das Schöne, eine Nachsicht für die Schwächen oder vielmehr Stärken des Fleisches, eine Kultivierung der Sinne, ein gutes Gewissen zum Genießen, zur Freude, zur Leichtigkeit und zum Luxus des Lebens. Diese katholisch-protestantische Kombination ist als einzig zu rühmen; sie erschließt uns den Zugang zu Sachsen.

Jetzt aber bitte ich für meine preußischen Grübeleien in der Hofkirche zu Dresden um Verzeihung und eile zur Anschauung zurück. Bei einem Ausflug von der Elbstadt nach Norden kommt man an Radebeul vorüber. Dort kann man einen Sachsen besuchen, dessen Ruhm es mit dem jedes Kurfürsten oder Königs aufnimmt: den in der sozialistischen Zeit lange verfemten Karl May. In der »Villa Bärenfett« wird seine durchaus bedeutende Sammlung zur Geschichte der Indianer gezeigt. Ein paar Kilometer weiter liegt am Rande eines Waldgebietes – und nahe bei Ottendorf-Okrilla – das Jagdschloß Moritzburg. Übrigens starb 1945, nur

Tage vor dem Kriegsende, in Moritzburg eine von den Nationalsozialisten Verfemte: Käthe Kollwitz. Ihr zu Ehren wurde in den unteren Räumen des Schlosses eine Gedenkstätte eingerichtet.

Natürlich war es August der Starke, der das Schloß in seiner heutigen Form erbauen und einrichten ließ. Einer seiner Nachfolger war Kurfürst

1756, zu Beginn des Siebenjährigen Krieges, marschierten die Preußen in Sachsen ein. Im Jahre 1760 ließ Friedrich der Große Dresden beschießen: zeitgenössisches Bild der zerstörten Kreuzkirche von Bernardo Bellotto (1721-1780).

Friedrich August III., der von 1768 bis 1827 für eine Rekordzeit regierte, zum König aufrückte und sein halbes Land an Preußen verlor. Etwas östlich vom Jagdschloß schuf er das Fasanenschlößchen. Vor dem zierlichen Rokokobau sieht man sich unversehens nach Cuxhaven versetzt. Denn am See- oder Teichufer erhebt sich ein Leuchtturm. Er erinnert daran, daß man einst auf dem »Moritzburger Meer« ausladende Seespiele und Wasser-»Schlachten« inszenierte. Aber wer wagt es, die heimliche Sehnsucht in die Weite, die Romantik eines Binnenlandes zu belächeln, von dem aus man hunderte von Kilometern elbabwärts reisen muß, um das wirkliche Meer zu erreichen?

Im Hauptschloß zu Moritzburg darf man wieder die augusteische Prachtentfaltung bewundern, bei der sich Kunstsinn und Kitsch so seltsam und harmonisch durchmischen. Man sieht Hofkutschen, kostbare Ledertapeten und Gemälde – und unvermittelt daneben eine Abnormitätensammlung krankhaft veränderter Geweihe. Und man sieht »das stärkste Hirschgeweih der Welt«, bei dessen Anblick sogar die Großjäger der brandenburgischen Schorfheide, Kaiser Wilhelm II., Hermann Göring und Erich Honecker, in ihrer Trophäengier hätten erblassen müssen.

Den Preußen fesselt indessen der Anblick der »Dragonervasen«. Sie werden so genannt, weil sie aus einem Tauschhandel stammen. Von Berlin aus schickte man die Vasen und erhielt dafür – im Verhältnis von eins zu vier – aus Dresden die Dragoner. Wohlgemerkt: vier Soldaten für eine Vase. Die Dragoner halfen dazu, die Militärmacht im Norden zu stärken, die dann der Nachbar im Süden so bitter zu spüren bekam. Die Vasen sind einfach nur schön. Sachsens Liebreiz und Glanz, Preußens Nüchternheit und Gloria, Yin und Yang: Symbolträchtiger als in diesen Vasen läßt sich der Kontrast zweier deutscher Möglichkeiten wahrlich nicht darstellen.

Machtstreben und Kunstsinn, Preußen und Sachsen im Symbol der »Dragonervasen«: Preußen lieferte die Vasen und erhielt im Gegenzug die Dragoner – vier Mann pro Vase.

In der Sächsischen Schweiz

Vieles müßte man in Dresden noch besuchen und anschauen, von den Museen bis zur Gartenstadt Hellerau. Doch die »Dresden« verläßt ihren Liegeplatz und steuert nach Süden. Die Elbe räkelt und schlängelt sich, ein wenig nur, und gleich hinter einer ihrer ersten Biegungen werden wir aufgefordert, das »Blaue Wunder« zu bestaunen. Schnöde betrachtet handelt es sich freilich bloß um eine Brücke, die zwischen den Vororten Loschwitz und Blasewitz den Fluß überspannt und blau angestrichen ist. Aber vielleicht steckt ja noch mehr dahinter. Als das Bauwerk im Jahre 1893 eingeweiht wurde, handelte es sich um eine gewagte, über 141,50 Meter freitragende Stahlkonstruktion. Mit Dampfwalzen, Pferdewalzen, schwer beladenen Fuhrwerken und 150 tollkühnen Frauen und Männern unterzog man sie einer Belastungsprobe. Und siehe: Sie hielt.

Das Tal wird enger, Hügel rücken heran, geraten zu Bergen, und bald hinter Pirna beginnt eine einzigartige Landschaft: die »Sächsische Schweiz«. Ein geläufiger und dennoch seltsamer Name. Zwei Original-Eidgenossen haben ihn geprägt, wohl um ihrem Heimweh abzuhelfen. Es waren die Maler Anton Graff und Adrian Zingg, die man als Lehrer an die gerade gegründete Dresdener Kunstakademie berief. Leider haben sie auch eine Art von Seuche verursacht. Denn zu Dutzenden erfand man seither »Schweizen« – sofern diese Mehrzahl möglich ist –, zum Beispiel in Holstein und sogar in meiner Heimat in Hinterpommern.

Ich gestehe, daß mich das ärgert. Schon der kleine Junge empörte sich: Haben wir das nötig, sind wir von anderen abhängig und so arm dran? Können wir etwa nur den Abglanz, die Schönheit aus zweiter Hand und nicht das Eigene, Unverwechselbare bieten? Was verbindet die Stille und Weite unserer östlichen Seen und Wälder mit den Alpen?

Hier allerdings, im südlichen Sachsen, bekommen wir es wirklich mit einer Bergwelt – nein: mit Felsen zu tun, steil aufragend und bizarr geformt. Ein Paradies für die Waghalsigen, die Kletterkünstler, die nicht erst ins Engadin oder in die Dolomiten verreisen müssen, um sich extrem zu erproben; von 5000 ausgewiesenen Routen ist die Rede. Oder um wieder Goethe anzurufen:

»Seh' die Bäume hinter Bäumen,
Wie sie schnell vorüberrücken,
Und die Klippen, die sich bücken,
Und die langen Felsennasen,
Wie sie schnarchen, wie sie blasen!«

In den Felsengärten der Sächsischen Schweiz kommen Romantiker ebenso auf ihre Kosten wie die Kletterkünstler. Hier der »Basteifelsen«; Kreidelithographie von Christian Friedrich Gille (1805-1899).

Die Phantasie gerät auf die Sprünge, über Klippen hinweg jäh in Abgründe hinein; man glaubt Tier- und Menschenbilder zu sehen, mehr noch Gnome, Riesen, Unholde – Groteskgestalten fast wie im »Grünen Gewölbe«. Manchmal scheint es sogar, als habe heimlich der Erbfeind mitgemeißelt: An einem Vorsprung hoch über der Elbe erkennt man in seinem Profil deutlich Fridericus Rex, zum Alten Fritz verwittert.

Nüchtern gesehen, in erdgeschichtlicher Perspektive, handelt es sich um das Elbsandsteingebirge, das ein Gebiet von etwa 360 Quadratkilometern umfaßt. Aus einem kreidezeitlichen Meer wurden einst die um mehrere hundert Meter mächtigen Massen des Quarzsandsteins emporgeschoben und dann von der geduldigen Arbeit des Wassers, besonders der Elbe und ihrer Nebenflüsse, wieder in die Tiefe hinunter zerschnitten. Teils sind Tafelberge wie der Lilienstein, der Königstein oder mit seiner Rekordhöhe von 561 Metern über dem Meer der Große Zschirnstein entstanden, teils schmale Felsentürme; mehr als 900 hat man gezählt.

In der historisch faßbaren Zeit haben dann auch Menschen mitgesägt; Dresden, Meißen und andere Städte noch weiter stromab sind ohne das Baumaterial aus dem Elbsandstein schwerlich zu denken. Sogar das preußisch-deutsche Wahrzeichen Berlins, das Brandenburger Tor, stammt von hier.

Die Entdeckung der Natur hingegen, als eines Raumes oder Zustands, der uns Erholung, Erhebung, Seelenbalsam verheißt und zum Staunen, zur Andacht ruft, stellt eine späte, ins Zeitalter der Romantik gehörende Errungenschaft stadtmüder Leute dar.

> *»O Täler weit, o Höhen,*
> *o schöner, grüner Wald,*
> *du meiner Lust und Wehen*
> *andächt'ger Aufenthalt!«*

Das hat Joseph von Eichendorff (1788-1857)gedichtet und uns damit ins Herz geschrieben, was wir seither empfinden. Für das Elbsandsteingebirge waren besonders die Maler wichtig, nach dem Anstoß der Eidgenossen zum Beispiel Caspar David Friedrich. Er wurde 1774 im vorpommerschen Greifswald geboren, siedelte aber 1798 nach Dresden über. Oder man denke an Ludwig Richter. Seine »Überfahrt am Schreckenstein« – nur etwas weiter stromauf in Böhmen zu Hause – wurde 1837 gemalt und gehört, durch den Nachdruck unendlich verbreitet, zu den Bild-Bestsellern des 19. und zum Teil noch des 20. Jahrhunderts. Nur die Putten, die pausbäckigen und ziemlich gelangweilt dreinschauenden Engelskinder können da mithalten, die sich unter Raffaels »Sixtinischer Madonna« lümmeln.

Mit anderen Worten: Die Romantik stellt gewissermaßen eine sächsische Erfindung dar. Und fast möchte man den Spieß einmal umkehren und behaupten: Sogar die Schweiz wurde hier erfunden. Denn was waren vor ihrer romantischen Entdeckung die Alpen anderes als finstere, lebensfeindliche Ödflächen und Verkehrshindernisse, was

Jenseits der sächsischen Grenze liegt in Böhmen der Schreckenstein. Die »Überfahrt am Schreckenstein«, von Ludwig Richter 1837 gemalt, gehört zu den bekanntesten Bildern der deutschen Romantik.

mit Verlaub ihre Bewohner, wenn nicht inzüchtige und kropfgeplagte arme Leute? Die Raufllustigen unter ihnen durften froh sein, wenn irgendwer sie als Söldner bezahlte. Auf den Spuren der Dichter und Maler hat übrigens die DDR-Obrigkeit eine ihrer letzten und in diesem Falle rühmenswerten Taten vollbracht: Am 12. September 1990 wurde auf einer Fläche von 93 Quadratkilometern und mit strengen Schutzbestimmungen der Nationalpark Sächsische Schweiz geschaffen.

Die Dunkelheit fällt ein, als wir Bad Schandau erreichen. Der Reiseführer vermerkt den Brauhof am Marktplatz und die Sandsteinkanzel in der Kirche St. Johannis. Außerdem bildet das idyllische Städtchen einen Mittelpunkt des Fremdenverkehrs. Zu einem auch nur bescheidenen Nachtleben allerdings haben es die Einheimischen bis heute nicht gebracht, obwohl sie sich schon seit 1730 ihrer Heilquelle rühmen.

Früh am nächsten Morgen wartet ein bequemer Bus auf diejenigen, die eine Tagesreise nach Prag unternehmen wollen. Und wie bei allen Ausflügen, die die »Dresden« uns anbietet, stehen kundige Reiseführer oder Führerinnen zur Verfügung. In ihrem lokalpatriotischen Eifer tun sie nur manchmal des Guten ein wenig zuviel und versehen jede Waldesschlucht, jedes halbwegs ehrwürdige Bauwerk mit eindringlichen Kommentaren. Dabei sprechen sie hochdeutsch. Immerhin sind einige auch mit Humor gesegnet und gewähren uns Einblick in die Mundart, die den Besuchern aus dem Norden oder Westen Gelegenheit bietet, sich erhaben zu fühlen; schon mein verehrter Lehrer Helmuth Plessner hat behauptet, daß uns Hitler erspart geblieben wäre, wenn er sächsisch gesprochen hätte wie Walter Ulbricht.

In Wahrheit führt das Sächsische zu den schönsten Ergebnissen. Man denke an den Spruch, der bis zum 40. Geburtstag der DDR gültig war: »Der Sozialismus siecht.« In diesem Sinne hat sich dann auch der Satz als gültig erwiesen: »Off de Bardei is Verlaß.« Oder man höre ins Zwiegespräch hinein: »Was machense beruflich?« – »Breedchen.« »Se sind also Bäcker?« – »Nee, Baster.« Mit anderen Worten: Es ist von einem Pastor die Rede, zu dessen Beruf das Predigen gehört.

Wir fahren nicht nach Prag, sondern erst einmal zum Königstein, um Sachsens militärische Gipfelleistung zu bewundern. Man hat den steil nach allen Seiten hin abfallenden Felskegel zusätzlich mit Mauern, Schießscharten, Kasematten, Kanonen, mit Vorrathäusern, Kellergewölben und Kasernen versehen und sehr viel Scharfsinn darauf verwandt, auch den Zugang uneinnehmbar zu verriegeln. So ist im Ergebnis die stärkste Festung Deutschlands, wenn nicht Europas entstanden. Hierher konnte man flüchten, wenn die Preußen kamen, und sich sicher fühlen. Andererseits genügte freilich eine

Handvoll Soldaten, um Ausfälle der Besatzung zu verhindern.

Wichtiger als die kriegerische war denn meist auch die sozusagen zivile Nutzung. Auf dem Königstein wurde Johann Friedrich Böttger festgesetzt, um das verheißene Gold zu produzieren, das dann zum Porzellan geriet. Im 19. Jahrhundert haben viele mehr oder weniger Prominente hier ihre Festungshaft verbüßt, zum Beispiel 1874 der Vater der deutschen Sozialdemokratie August Bebel und 1899 der Majestätsbeleidiger Frank Wedekind. Der hatte sich über die Reisesucht Kaiser Wilhelms II. lustig gemacht und zu seinem Besuch in Palästina eine Hymne verfaßt, in der es hieß:

»So sei uns denn noch einmal hochwillkommen
Und laß Dir unsere tiefste Ehrfurcht weihn,
Daß Du die Schmach vom Heil'gen Land genommen,
Von Dir noch nicht besucht zu sein.
Mit Stolz erfüllst Du Millionen Christen;
Wie wird von nun an Golgatha sich brüsten,
Das einst vernahm das letzte Wort vom Kreuz
Und nun das erste Deinerseits.«

So etwas mußte natürlich exemplarisch bestraft werden. Immerhin ist hinzuzufügen, daß im Gegensatz zur Gefängnis- oder gar Zuchthausstrafe die Festungshaft nicht als ehrenrührig galt und meist großzügig gehandhabt wurde. Und wie sollte man in Sachsen jemandem böse sein, der einen Hohen-

»Elblandschaft mit Königstein« von Johann Alexander Thiele (1685-1752). Auf dem Königstein lag Sachsens Hauptfestung, die zwar von einem Schornsteinfeger, aber niemals von Feinden bezwungen wurde.

zollernherrscher aufs Korn nahm? Wedekind konnte also umherspazieren – hier immerhin auf neuneinhalb Hektar – und die erzwungene Muße zum Bücherlesen und zum Schreiben nutzen.

Seine Nachfolger im Zweiten Weltkrieg waren französische Generale. Einer allerdings, Giraud, ist entkommen – wie sich herausstellte zum Ärger de Gaulles. Sicher bewahrt aber wurden gottlob hier die Kunstschätze aus Dresden.

Zu wirklicher Prominenz hat es auf dem Königstein indessen nur der achtzehnjährige Schornsteinfeger Sebastian Abratzky gebracht. Wie er es in Kaminen gelernt hatte, kletterte er eines schönen Tages in einer schmalen Felsspalte und in nur drei Stunden zur Festung hinauf. Die Besatzung soll er wie eine Geistererscheinung verblüfft und erschreckt haben. War Gefahr im Verzuge? Man schrieb das Revolutionsjahr 1848. Der in seiner Ehre gekränkte Herr Festungskommandant diktierte dem jungen Mann erst einmal eine Arreststrafe zu. Doch der Ruhm ließ sich nicht einsperren; noch immer heißen die Felsspalten, in denen Bergsteiger sich aufwärts stemmen: Kamine.

Heute muß man nicht mehr klettern. Wer will, gleitet im Aufzug dem Gipfel entgegen und spart seinen Atem für berauschende Blicke in die Abgründe hinunter, in die Weite hinaus. »Donnerwetter«, sagt neben mir ein Berliner, »diese Sachsen . . .« Da kann man nur zustimmen.

Was man aber am anderen, rechten Elbufer von der Bastei aus zu sehen bekommt, ist fast schon amerikanisch übertrieben zu nennen. 202 Meter tiefer schlängelt sich die Elbe dahin, als sei sie der Colorado im Grand Canyon, und Felsengärten stellen sich dar, als habe man sie für Wildwestfilme aufgebaut. Nicht von ungefähr huldigen die Sachsen, wie die Hamburger und Holsteiner in Bad Segeberg, gleich nebenan auf der Felsenbühne von Rathen ihrem Erfolgsautor Karl May. Und wie der, ohne sich aus Sachsen fortzurühren, das wilde Kurdistan oder die Sierra Madre beschreiben konnte, wird hier sichtbar.

In heiterster Stimmung, mit dem besten Appetit kehren wir aufs Schiff zurück und wenden uns den Tafelfreuden zu. Die »Dresden« steuert inzwischen weiter nach Süden, der tschechischen Grenze entgegen. Schon von weitem glauben wir auf der böhmischen Seite einen kilometerlangen Autostau wahrzunehmen. Beim Näherkommen wird aber erkennbar, daß es sich um die zeitgemäße Spielart eines Basars handelt: In der drangvollen Enge zwischen Felsklippen und Fluß haben fliegende Händler ihre Stände aufgeschlagen, um den Besuchern aus dem Norden zu verkaufen, was die für preiswert halten. Vermutlich haben die Zollbeamten alle Hände voll zu tun, um den Schmuggel – zum Beispiel mit Zigaretten – halbwegs in Schranken zu halten.

Wir fahren noch zwölf Kilometer weiter bis Děčin, das einmal von Deutschen bewohnt war und Tetschen hieß. Am Ufer sieht man schöne Häuser, die vom Wohlstand ihrer Erbauer künden. Aber oft sind sie verlassen und verfallen, die Dächer eingesunken; aus den Fensterhöhlen, auf Balkonen wuchert Gesträuch. Moderne Geschichte, Zeitgeschichte auf einmal, wahrlich geeignet, uns zu verstören. 1945 nahmen die Tschechen Rache für das, was Hitler ihnen angetan hatte. Die deutschen Bewohner wurden vertrieben und konnten froh sein, wenn sie ihr Leben retteten. Aber die, die nun nachrückten und sich im fremden Besitz einrichteten, wurden wiederum von Ängsten, von den Gespenstern einer vielleicht einmal hereinbrechenden Rache geplagt. Deutlich genug haben die Verbände der Vertriebenen und ganz besonders die Sudetendeutschen ja stets von ihren Ansprüchen auf Heimkehr und Rückgabe gesprochen. Warum also sollte man sich um die Erhaltung eines Besitzes kümmern, in dem man doch nicht oder nur auf Abruf zu Hause war? Ein Kreislauf der Lähmung und des Unheils.

In Děčin sieht es besser, aber nicht gut aus. Man erkennt, daß es sich früher hier leben ließ: Renaissance- und Barockhäuser, eindrucksvolle Kirchen, ein prächtiger Marktplatz mit seinem Brunnen aus dem Jahre 1906. Und auf einer durch Felsen gebrochenen Straße, der »Langen Fahrt«, gelangt man hinauf zu dem über der Elbe thronenden Barockschloß, das den Fürsten Thun-Hohenstein gehörte. Freilich stellt sich auch hier sehr vieles, beinahe alles in den Grautönen des Verfalls dar. Aber die Menschen sind freundlich; der Tourismus aus dem Nachbarland hilft ihnen. Und zum Abschied spielt auf dem Sonnendeck der »Dresden« eine böhmische Blaskapelle. Zu ihren fröhlichen Weisen tanzen spontan ein paar junge Leute auf der Brücke, bei der wir angelegt haben.

Rückkehr nach Bad Schandau und am nächsten Tag noch einmal die Fahrt durch die Sächsische Schweiz, noch einmal mit Goethe:

»Wie seltsam glimmert durch die Gründe
Ein morgenrötlich-trüber Schein!
Und selbst bis in die tiefsten Schlünde
Des Abgrunds wittert er hinein.
Da steigt ein Dampf, dort ziehen Schwaden,
Hier leuchtet Glut auf Dunst und Flor,
Dann schleicht sie wie ein zarter Faden,
Dann bricht sie wie ein Quell hervor.
Hier schlingt sie eine ganze Strecke
Mit hundert Adern sich durchs Tal,
Und hier in der gedrängten Ecke
Vereinzelt sie sich auf einmal.
Da sprühen Funken in der Nähe
Wie ausgestreuter goldner Sand.
Doch schau! in ihrer ganzen Höhe
Entzündet sich die Felsenwand.«

Lange vor den sächsischen Kurfürsten und Königen gab es die Markgrafen von Meißen. Noch vor der Jahrtausendwende, um das Jahr 929, wurde auf einem Berg an der Elbe die Burg »Misni«, 968 ein Bistum gegründet; 1123 gelangte die Markgrafschaft in den Erbbesitz der Wettiner. Erst 1485 wurde ihre Residenz nach Dresden verlegt, und schon von weitem künden die Albrechtsburg, der Dom und das ehemalige Bischofsschloß von der mittelalterlichen Bedeutung.

Doch weil Meißen diese Bedeutung beizeiten abhanden kam und die Stadt noch heute nur 35 000 Einwohner zählt, blieb das Besondere bewahrt: einerseits eben die Zeichen vergangener Größe, andererseits schmale Gassen mit ihrem Kopfsteinpflaster und beschauliche Winkel, vom Fachwerk umdrängt. Wo sonst findet man diese Kombination? Bereits Goethe und Schiller haben sich für Meißen begeistert, erst recht die romantischen Dichter wie Novalis oder Friedrich de la Motte Fouqué. Vor allem zog es die Maler hierher, zum Beispiel Philipp Otto Runge, Carl Blechen und Caspar David Friedrich. Ganz besonders muß man

Ludwig Richter nennen; von 1828 bis 1835 arbeitete er als Zeichenlehrer an der Porzellanmanufaktur und kannte die Stadt wie keiner seiner Kollegen. Mit Bildern, Kupferstichen und Holzschnitten, seinen Buchillustrationen hat er unsere Anschauung vom Biedermeier geprägt, und was wir sehen, stammt in erster Linie aus Meißen.

Natürlich darf man das »weiße Gold« nicht vergessen, dessen Produkte im Zeichen der gekreuzten blauen Schwerter Meißens Ruhm in die Welt tragen; südlich der Nikolaikirche bieten sich eine Schauhalle und die Vorführwerkstatt zur Besichtigung an. Und wie es sich gehört, tönt fünfmal am Tag von der Frauenkirche her ein Glockenspiel aus Porzellan. Aber leider muß man auch das Schelmenstück oder die Schamlosigkeit erwähnen, die zur Geschichte gehört. Die Meißner Manufaktur ist im Jahre 1710 entstanden und besaß zunächst ein Monopol. Doch im Siebenjährigen Krieg hielt die preußische Besatzungsmacht Einzug, und mitten im Krieg, 1761, gründete Friedrich der Große seine Berliner Manufaktur – mit Vorlagen, Rezepten und Rohstoffen aus Meißen.

Ein Reiseführer sagt, daß es »lohnender« sei, in Meißen umzukehren und mit den Schiffen der Weißen Flotte wieder nach Süden, nach Dresden und in die Sächsische Schweiz statt weiter nach Norden zu fahren. Dem muß man nicht nur als Preuße ganz energisch widersprechen. Freilich verklingt die

Kantate, die Johann Sebastian Bach 1734 seinem Kurfürsten und König als Geburtstagsständchen darbrachte:

»Schleicht, spielende Wellen und murmelt gelinde!
Nein, rauschet geschwinde,
Daß Ufer und Klippe zum öftern erklingt!
Die Freude, die unsere Fluten erreget,
Die jegliche Welle zum Rauschen beweget,
Durchreißet die Dämme,
Worein sich Verwundrung und Schüchternheit zwingt.«

Nein, das paßt jetzt nicht mehr. Denn bald hinter Meißen reckt und streckt sich die Elbe; sie weitet sich zum Strom und kündigt nicht die geschäftige Eile, sondern Geruhsamkeit an. Eine eher herbe, schon norddeutsch flache oder mehr noch östlich stille Flußlandschaft beginnt, eine beinahe unbe-

Meißen um 1620, Federzeichnung von Wilhelm Dilich, Ausschnitt. Nicht nur die berühmte Prozellanmanufaktur, sondern auch unsere Vorstellung vom Biedermeier ist hier zu Hause, vor allem dank Ludwig Richter.

kannte dazu. Aber zu ihr gehört eine nur andere, ganz eigene Schönheit.

Wenn man nach den Bedingungen dieser Landschaft fragt, dann ist zunächst zu sagen, daß die Elbe niemals so dicht umsiedelt und in die Enge getrieben wurde wie etwa die Mosel oder der Rhein; fast möchte man meinen, daß der Sozialismus jedenfalls hier etwas Gutes gehabt hat, weil er entgegen seinen Versprechungen keinen Fortschritt, sondern den Stillstand bewirkte. Die Deiche halten sich in altväterlich gemessener Entfernung, und darum kann die Elbe ohne Schaden für die Menschen, für Dörfer und Städte, aber mit Nutzen für die Natur über die Ufer treten und ihren Auslauf finden. Hochwasser heißt hier traditionell Befruchtung, Auffüllen von Nebenarmen, Teichen, Tümpeln, Sumpfflächen – und nicht: Großalarm und Katastrophe.

Zwar gibt es Auwälder kaum noch. Sofern man von den Erlen und Weiden an den Uferböschungen absieht, stellen sich Bäume eher vereinzelt oder in kleinen Gruppen als malerische Merkzeichen dar. Um so üppiger wachsen das Schilf, die Nesselgefilde und vielerlei Gesträuch. Sie bieten den Vögeln Nahrung und Nistplätze; fast 130 sommerliche Vogelarten haben die Experten gezählt – und etwa 100 Arten, die zum Überwintern bleiben oder sich einfinden. Am häufigsten, insgesamt zu hunderten sieht man Graureiher, dazu Stock- und Tafelenten,

Bläßhühner, manchmal Kormorane, Kraniche und natürlich die Bussarde und Milane, die Schwäne und die Möwen. Sogar die Störche vermehren sich wieder; über 540 Brutpaare gab es schon 1989.

Die Vielzahl der Reiher, die altklug und aufmerksam auf Buhnen oder in den Buchten dazwischen ihre Posten beziehen, drängt eine Folgerung auf: Es muß hier noch oder wieder reichlich Fische geben. Eigentlich möchte man das kaum glauben, denn höchst undurchsichtig treibt das Elbwasser dahin. Zu den Errungenschaften des Sozialismus gehörte, daß man Abwässer und Industriegifte

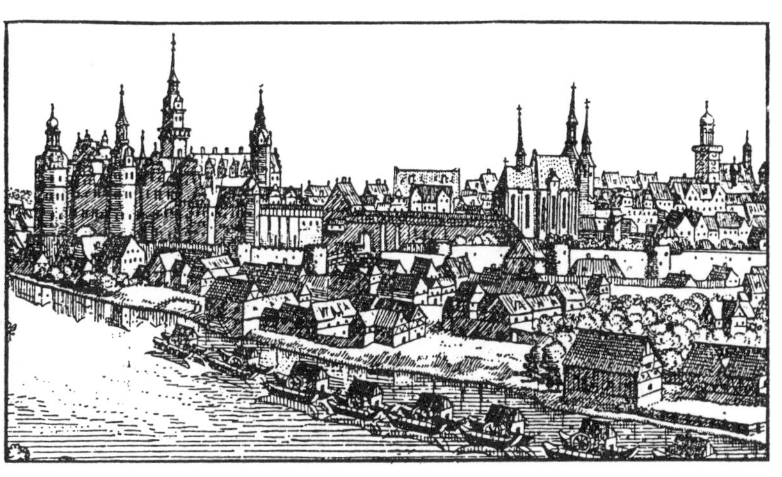

Torgau um 1650; Kupferstich von Merian.
Bei Torgau schlugen Preußen und Österreicher im Jahre 1760 eine blutige Schlacht, und 1945 trafen sich hier die Russen und Amerikaner

rücksichtslos fortschwemmte, dem Klassenfeind jenseits der Grenze entgegen. Daher war die Elbe ein exemplarisch belasteter Strom schon von ihrem tschechischen Ursprung und von Zuflüssen wie der Moldau, in Deutschland besonders von der Saale und von der Mulde her.

Seit der Wiedervereinigung ist mit dem Zusammenbruch der ostdeutschen Industrie eher unfreiwillig eine Besserung eingetreten. Untersuchungen zeigen, daß vom Blei bis zum Quecksilber die Giftstoffe im Wasser und im Schlamm deutlich, zum Teil um die Hälfte abgenommen haben. Inzwischen sind leistungsfähige Klärwerke entstanden; andere werden gebaut oder geplant. So darf man auf weitere Besserung hoffen, und das Vordringen der Wollhandkrabbe, die seit den fünfziger Jahren verschwunden war, nährt Hoffnungen – obgleich sie die Fischer ärgert, weil sie die Netze zerschneidet. Auch die Mücken und die Libellen, manche Muscheln und die Biber gedeihen. Vom Baden allerdings wird man wohl noch lange abraten und Ungeduldige auf das kommende Jahrtausend vertrösten.

Sei es nun, wie es sei: Wundersam, fast wie ein Heilverfahren kann man auf dem Schiffsdeck die Ruhe der vorüberziehenden Landschaften auf sich wirken lassen und in ihrer Stille zu sich selbst finden. Mit der Dämmerung treten ab und an Rehe ans Ufer. Menschen sieht und hört man selten; als

Angler meiden sie den Lärm, den sie überall sonst verursachen. In einer Nacht ankern wir auf dem Strom, und die Sternenbilder leuchten so klar, wie man sie im Dunstkreis der Städte kaum noch erkennen kann.

Gewiß tuckern ab und zu deutsche und tschechische Frachtschiffe vorüber, aber mit den gebührenden Pausen. Vorläufig zumindest stellt sich auch als Verkehrsweg die Elbe idyllisch – und im Vergleich dazu der Rhein wie eine Wasserautobahn dar. Übrigens muß man einmal mehr die »Dresden« loben, weil sie sich ideal zu dem Elbgenuß fügt; mit ihrem Düsenantrieb gleitet sie ganz leise und mit weit weniger Erschütterungen dahin als die herkömmlichen Schaufelraddampfer oder Schraubenschiffe.

Auf Kultur und Geschichte muß man dennoch nicht verzichten. Wir passieren Torgau: Da trafen sich am 25. April 1945 Amerikaner und Russen und besiegelten mit ihrem Händedruck den gemeinsamen Sieg. 1995, zum 50. Jahrestag, hat man die jungen, nun alten Anführer von damals, William Robertson und Alexander Silwaschenko, noch einmal eingeladen und zu Ehrenbürgern von Torgau ernannt. Ganz in der Nähe schlug knapp zweihundert Jahre früher, am 3. November 1760, Friedrich der Große eine seiner blutigsten Schlachten.

Ob man den Geschichtsbüchern trauen darf, ist eine andere Frage. Friedrich, heißt es, errang einen bedeutsamen Sieg – wie er keineswegs immer, aber zumeist es tat. Doch die Preußen verloren tausend Mann mehr als die Österreicher unter ihrem Feldmarschall Daun. Und der wirklich erste Händedruck zwischen Amerikanern und Russen hat wohl weiter südlich bei Strehla stattgefunden. Hier hieß der amerikanische Patrouillenführer sinnfällig

Das Schloß zu Wittenberg; Holzschnitt 1691.
In Wittenberg begann im Jahre 1517 die für Deutschland so schicksalsträchtige Reformation.

Kotzebue – wie der Schriftsteller mit russischem Ehrensold, den ein fanatischer Deutschtümler 1819 in Mannheim ermordete.

Wittenberg dann. Im Jahre des Herrn 1502 gründete der sächsische Kurfürst Friedrich der Weise die Universität, an der 1512 der Mönch, Magister und Doktor der Theologie Martin Luther mit seinen

Martin Luther, noch als Mönch in einer Zeichnung von Lucas Cranach (1472-1553). Wie aus keiner anderen Quelle gewann unsere Sprache aus Luthers Bibelübersetzung ihre Bildkraft und Musikalität.

Vorlesungen begann. Am 31. Oktober 1517 nagelte er – wie jedenfalls die volkstümliche Überlieferung weiß – die 95 Thesen ans Portal der Schloßkirche, mit denen er Reformen bewirken wollte, aber eine Revolution mit unabsehbaren Fernwirkungen auslöste. Sehr viel also gibt es in Wittenberg zu sehen, vom Luther- bis zum Melanchthonhaus. In der Kirche aber möchte ich als ganz und gar weltlicher Schriftsteller am liebsten feierlich sagen:

Verehrte Mitreisende und Leser, schaut nicht nur Luthers Grab an, sondern zu Hause wieder in seine Bibel, selbst als Katholiken oder Atheisten. Denn die Übersetzung, die »Junker Jörg« auf der Wartburg begann, ist dank einer unvergleichlichen Musikalität, mit untrüglichem Sinn für Sprachbilder und Sprachmelodien zum deutschen Urquell ge-

Blick über den Wörlitzer See;
Kupferstich von Clemens Kohl nach Georg Melchior Kraus.
Der Geist der Aufklärung und die Naturnähe
der Romantik wurden in Wörlitz glücklich verbunden.

worden. Falls er jemals versiegt, werden wir in dürrer und dürftiger Wüstenei, im armselig Abstrakten uns verirren. Darum hört auf die Wittenbergische Nachtigall, wie sie singt:

»Mein Freund ist weiß und rot, auserkoren unter vielen Tausenden. Sein Haupt ist das feinste Gold. Seine Locken sind kraus, schwarz wie ein Rabe. Seine Augen sind wie Augen der Tauben an den Wasserbächen, mit Milch gewaschen und stehen in Fülle. Seine Wangen sind wie Würzgärtlein, da Balsamkräuter wachsen. Seine Lippen sind wie

Rosen, die von fließender Myrrhe triefen. Seine Hände sind wie goldene Ringe, voll Türkise. Sein Leib ist wie reines Elfenbein, mit Saphiren geschmückt. Seine Beine sind wie Marmorsäulen, gegründet auf goldenen Füßen. Seine Gestalt ist wie Libanon, auserwählt wie Zedern. Seine Kehle ist süß, und er ist ganz lieblich. Ein solcher ist mein Freund; mein Freund ist ein solcher, ihr Töchter Jerusalems!«

Ja, auch so etwas entdeckt man in der Lutherbibel, und so verwunderlich es für Nichtsachsen klingen mag: Lebendiges Deutsch stammt aus dem Kurfürstentum Sachsen und von nirgendwo sonst.

Der Besichtigung von Wittenberg folgt ein Ausflug nach Wörlitz. Das war der Sommersitz der Fürsten von Anhalt-Dessau, und Leopold von Anhalt-Dessau, der »Alte Dessauer« (1676-1747), war der Freund des preußischen »Soldatenkönigs«, zudem der Exerziermeister seiner Armee. Für Friedrich schlug er am 15. Dezember 1745 die preußisch-sächsische Schlacht bei Kesseldorf, ein paar Kilometer westlich von Dresden. Er eröffnete sie mit dem Gebet: »Herrgott, hilf mich, und wenn Du das nicht willst, dann hilf wenigstens die Schurken von Feinden nich, sondern sieh zu, wie es kommt. In Jesu Namen, marsch.« Was blieb den Sachsen da übrig, als die Schlacht zu verlieren?

Der Enkel Leopold III. Friedrich Franz, kurz Fürst Franz (1740-1817), war ein friedfertiger und

Leopold III. Friedrich Franz von Anhalt-Dessau (1740-1817). Mit seinem Baumeister Erdmannsdorff schuf er die Parkanlage von Wörlitz und öffnete sie für Bürger und Besucher.

aufgeklärter Mann, der nach England reiste und sich für Rousseau begeisterte. Gemeinsam mit seinem Freund und Baumeister Friedrich Wilhelm von Erdmannsdorff schuf er das frühklassizistische Schloß und vor allem die Parkanlage von Wörlitz, übrigens lange bevor Fürst Pückler-Muskau das Evangelium einer englisch-natürlichen Gartengestaltung in Deutschland verkündete. Goethe schrieb in »Dichtung und Wahrheit«: »Die Anlage eines damals einzigen Parks, der Geschmack zur Baukunst, welchen von Erdmannsdorff durch seine Tätigkeit unterstützte, alles sprach zugunsten eines Fürsten, der, indem er durch sein Beispiel den übrigen vorleuchtete, Dienern und Untertanen ein goldenes Zeitalter versprach.« Im Grunde sucht die »damals einzige« Anlage noch heute ihresgleichen.

Von dem im besten Sinne fürstlichen Geist des Gründers spricht auch die nahe beim Schloß für die jüdische Gemeinde errichtete und demonstrativ ans Seeufer gesetzte Synagoge ebenso wie die Tatsache, daß von Anfang an alle Stadtbürger und alle Besucher von Wörlitz dazu eingeladen waren, im Park zu spazieren. Aber eine gewissermaßen demokratische Neigung war hier wohl ortsansässig. Bereits der »Alte Dessauer« hat nicht etwa standesgemäß, sondern eine Apothekerstochter geheiratet.

Inzwischen sind sogar wir Westdeutschen wieder eingeladen. Wer sehen will, wie Natur und

Kunstsinn sich wahrhaft klassisch vereinen, der fahre nach Wörlitz. Aufs bequemste kann man den Park durchwandern, auf Bänken sich niederlassen und immer neue Durchblicke genießen – oder, noch bequemer, über den See und durch ein System von Kanälen sich rudern lassen. Vielleicht sollte man überhaupt einmal eine Entdeckungsreise durch historisch bedeutende Garten- und Parkanlagen unternehmen. Wörlitz – Pillnitz – Muskau – Branitz bei Cottbus – Sanssouci – Rheinsberg: Das wäre ein Wochenprogramm von erlesenem Reiz.

Wir überspringen Magdeburg, nicht aus Mißachtung, sondern um der Domstadt ein eigenes Kapitel zu widmen. Übrigens wird, wohl für die Verächter Magdeburgs, eine Tagesfahrt nach Potsdam angeboten. Doch da war der Preuße schon und freut sich stattdessen auf Tangermünde.

Nein, als bedeutend kann man die Kleinstadt von kaum 13 000 Einwohnern schwerlich einstufen, obwohl hier, wie der Name sagt, die Tanger in die Elbe mündet und den Vergleich mit der Alster, also mit Hamburg nahelegt. Auch von neuerem Ruhm ist wenig zu sagen – von der Tatsache abgesehen, daß hier eine bekannte Schokoladenfabrik zu Hause war. Aber stolz sprechen die Bürger von ihrer Kaiserstadt. Denn der römisch-deutsche Kaiser und König von Böhmen Karl IV. erkor den Elbort – sozusagen gleich neben Prag – zu seiner nördlichen Residenz, freilich von 1373 bis 1378 nur für sechs glorreiche Jahre. Mit Recht jedoch sagt der Reiseführer: »Tangermünde gehört zu jenen deutschen Städten, die ihr mittelalterliches Stadtbild noch weitgehend bewahrt haben. Es ist somit ein städtebauliches Gesamtkunstwerk von hohem Rang. Die heute noch von der Stadtmauer fast lückenlos umgebene Altstadt und die Burg stehen daher unter Denkmalschutz als Beispiel einer über Jahrhunderte gewachsenen Stadt.«

Ein Rothenburg ob der Elbe. Zu den Kleinodien zählt das zierliche Rathaus, mit gleich zwei Storchennestern auf den Zinnen. Eines hat Freund Adebar sachkundig direkt über dem Raum angelegt, in dem der Standesbeamte die Trauungen vollzieht.

Um nun eines noch anzufügen, was unsere Reiseführerin verschweigt: Nahe bei der Stadt liegt auf der anderen Elbseite das Dorf Schönhausen. Da wurde am 1. April 1815 Otto von Bismarck geboren. In seinen »Gedanken und Erinnerungen« erzählt der berühmte Mann, wie die braven Bürger von Tangermünde, von den Kaisern vergessen, sich zur Revolution entschlossen und was daraus wurde:

»Am 20. März (1848) meldeten mir die Bauern in Schönhausen, es seien Deputierte aus dem dreiviertel Meilen entfernten Tangermünde angekommen, mit der Aufforderung, wie in der genannten Stadt geschehn war, auf dem Turme die schwarz-rotgoldne Fahne aufzuziehn, und mit der Drohung, im Weigerungsfalle mit Verstärkung wiederzukommen. Ich fragte die Bauern, ob sie sich wehren wollten: Sie antworteten mit einem einstimmigen und lebhaften ›Ja‹, und ich empfahl ihnen, die Städter aus dem Dorfe zu treiben, was unter eifriger Beteiligung der Weiber besorgt wurde. Ich ließ dann eine in der Kirche vorhandne weiße Fahne mit dem Kreuz, in Form des eisernen, auf dem Turme aufziehn und ermittelte, was an Gewehren und Schießbedarf im Dorfe vorhanden war, wobei etwa fünfzig bäuerliche Jagdgewehre zum Vorschein kamen. Ich selbst besaß mit Einrechnung der altertümlichen einige zwanzig und ließ Pulver durch reitende Boten von Jerichow und Rathenow holen.«

Ein Lehrstück wahrhaftig, unseres Nachdenkens wert. Immer wollen wir das Große und Gute erreichen, und immer geraten wir an Leute, die uns mit Forken und Flinten den Weg verstellen. Oder wir geraten an die Kehrausbesen der Weiber.

Manche Orte wären wohl noch zu erwähnen, Jerichow und Havelberg zum Beispiel, aber nur von Wittenberge soll am Ende die Rede sein, obwohl die »Dresden« dort schnöde und mit Recht vorüberfährt. Denn nichts gibt es zu sehen, was die Besichtigung lohnt. Kein Vergleich mit der Lutherstadt: Ein End-e zuviel und ein Reformator zu wenig ergibt den Unterschied ums Ganze. Immerhin kann man Wittenberge einfach erreichen. Die

Tangermündes glanzvolle Jahre als Kaiserstadt Karls IV. liegen weit zurück. Auch vom militärischen Brückenkopf ist nicht mehr die Rede. Aber das mittelalterliche Kleinod blieb glücklich erhalten. Stich aus dem Jahre 1630.

Deutsche Bahn läßt hier die Interregio-Züge halten, die von Berlin nach Rostock oder von Hamburg nach Dresden eilen. Seit kurzem gibt es sogar ein »Comfort«-Hotel, das seinen Namen verdient und den Aufenthalt angenehm macht.

Doch manchmal versteckt sich gerade im Unscheinbaren etwas Besonderes. Von keinen Touristenschwärmen gestört, wandert man zum Elbdeich hinaus. Irgendwo unter Eichen oder im Gras verträumt man die Zeit. Man schaut den Bussarden nach und dem ziehenden Strom. Man entdeckt die Stille und den großen Himmel über einem weiten Land. Das Kleine dazu: Rinnsale, Teiche und hinter den Fuchs-Bergen ein Flüßlein sogar, die Karthane. Am anderen Tag ein Fahrradausflug, auf dem Deich entlang nach Südosten bis Rühstädt. Da sind die Störche zu Hause, wie diesseits von Ostpreußen sonst kaum mehr. Man schließt also Bekanntschaft mit der wirklich unbekannten Elbe. Vielleicht handelt es sich sogar um den Beginn einer Freundschaft.

Der Magdeburger Lobgesang

Einen Vormittag bietet die »Dresden« uns für Magdeburg an. Aber was ist an dieser Stadt schon dran? möchte man fragen und gerät in die Ungeduld, nur bald wieder abzureisen. Ein Elb- und Kanalhafen mit mäßigem Frachtverkehr, eine Bahnstation, ein eher lästiger Aufenthalt zwischen Hannover und Berlin oder beim Umsteigen nach Halberstadt und Halle, nach Dessau und Stendal. Keinen weltlichen Fürstenhof hat es in dieser Stadt jemals gegeben; darum sind weder die prachtvollen Schloßanlagen hier entstanden, wie in Dresden oder im württembergischen Ludwigsburg, noch die bescheidenen, wie in Weimar, Meiningen, Coburg oder Detmold.

Das Erzbistum verschwand mit der Reformation; der Kirchenfürst emigrierte nach Halle. Zwar mochten die Stadtbürger froh sein, wenn der Feudalherr sich verabschiedete, mit dem sie nicht selten im Streit lagen. Aber niemand war seither noch für die Prachtentfaltung zuständig, die mehr als nur Bürgerfassaden zu bieten hat. Man schaue nach Würzburg oder noch weiter nach Salzburg hinüber; da kann man bewundern, wie Bischöfe bauten.

Es hat auch kein fürsorglicher Landesherr eine Universität gestiftet, um wie in Tübingen, Heidelberg, Göttingen oder Jena zumindest geistig das Stadtbild zu prägen. Zwar gehören die »Magdeburger Halbkugeln« zu unserer physikalischen Schulweisheit; die stärksten Pferdegespanne brachten sie nicht mehr auseinander, nachdem der Bürgermeister Otto von Guericke (1602-1686) sie luft-

Der Magdeburger Bürgermeister Otto von Guericke (1602-1686) bewies die Kraft des Luftdrucks. Acht Pferdegespanne brachten die luftleer gepumpten »Magdeburger Halbkugeln« nicht auseinander.

leer gepumpt hatte. Angeblich soll das Spektakel sogar auf dem Reichstag zu Regensburg vorgeführt worden sein, im Jahre des Herrn 1654, und natürlich erinnert ein Denkmal an den Mann und seine Tat. Die Bedeutung des Luftdrucks war hiermit enthüllt; bald konnte man ans Barometer klopfen, um seinen Hoch- oder Tiefstand zu ergründen und aufs Wetter zu schließen. Aber für Gelehrsamkeit und Bildung, für die geistige Höhenlage einer Stadt genügt der einsame Geniestreich auf die Dauer kaum.

Fährt man in die Umgebung hinaus, so findet man erst recht wenig Anlaß, sie ein zweites Mal zu besuchen. Allerdings gehört die Magdeburger Börde zu Deutschlands fruchtbarsten Landstrichen. Wohl dem, der hier sich einkauft, wie neuerdings die Niederländer! Doch bloß mit Weizen und Zuckerrüben gedeiht die Schönheit noch nicht. Es fehlen die Seen und die Wälder, die uns – bei weit ärmeren Böden – nach Mecklenburg oder in die Mark Brandenburg locken; man vermißt die Höhenzüge und Talblicke Thüringens, die Felsengärten der Sächsischen Schweiz.

In der neueren Geschichte war Magdeburg eine Militär- und Beamtenstadt – eine preußische außerdem, was die Sache kaum bessert. Übrigens handelte es sich um die Hauptfestung des Landes, wie für Sachsen der Königstein. Leider kapitulierte man rasch und sehr schmachvoll, als 1806, bald nach der am 14. Oktober bei Jena und Auerstedt verlorenen Schlacht, die Franzosen ans Tor klopften. Dabei hätte man lange aushalten sollen. Empörung wird spürbar in Georg Webers »Lehrbuch der Weltgeschichte«: »Am 10. November übergaben Kleist und Wartensleben an der Spitze von 19 Generalen die Festung Magdeburg, das Bollwerk des Reichs, mit einer Besatzung von 24000 Mann, 7000 Pferden, 600 Stück Geschütz, und Munition und Lebensmitteln in Überfluß.«

Zur vaterländischen Erbauung diente dann Kolberg; darauf hat noch im großdeutschen Untergang Joseph Goebbels gesetzt. Für Magdeburg folgte nach dem militärischen Abstieg eine Entwicklung zum wichtigen Industriestandort – eine Verwandtschaft also mit Bochum, Duisburg, Chemnitz oder Ludwigshafen. Geld kam damit in die Stadt, aber mehr Schönheit schwerlich.

Das Unheil vollendete sich im Zweiten Weltkrieg. Ein paar Wochen vor Dresden, am 16. Januar 1945, wurde Magdeburg weithin zerstört. Die Altstadt fiel in Schutt und Asche; man spricht von 16000 Toten. Wie tief der Absturz war, der dann folgte, zeigt ein Vergleich. 1939 zählte man 336800 Einwohner – und dreißig Jahre später nur 268000. Selbst mit Trabantensiedlungen in der sozialistischen Plattenbauweise ließ sich da nicht mehr viel gewinnen oder verderben.

Alles in allem: Wir befinden uns in der tiefsten

Provinz. Oder doch nicht? Inzwischen sieht man überall die Gerüste und Kräne, den Eifer des Wiederherstellens oder des Aufbaus. Banken, Bürogebäude, Kaufhäuser und Hotels schießen empor. Es handelt sich um die neue Hauptstadt eines neuen Bundeslandes, die sich sehr geschäftig darstellt, so als gelte es erst jetzt, das Lied mit Leben zu erfüllen:

»Auferstanden aus Ruinen
und der Zukunft zugewandt,
laß uns dir zum Guten dienen,
Deutschland, einig Vaterland.
Alte Not gilt es zu zwingen,
und wir zwingen sie vereint,
denn es muß uns doch gelingen,
daß die Sonne, schön wie nie
über Deutschland scheint.«

Das stammt nicht von einem Hofdichter des Bundeskanzlers, sondern von Johannes R. Becher und war einmal die Hymne der Deutschen Demokratischen Republik. Was die Schönheit betrifft, muß man freilich noch immer auf die Zukunft hoffen, statt auf die Gegenwart zu vertrauen.

An unserem Besuchstag scheint die Sonne über Magdeburg vor allem sehr heiß. Um unseren touristischen Pflichten halbwegs zu genügen, spazieren wir nahe am Elbufer entlang zum Dom hinüber. Jahrhunderte haben an ihm gebaut, und grau und gewaltig ragt er empor. Durch die Paradiespforte mit ihren Bildern von den klugen und törichten Jungfrauen treten wir ein. Wohltuende Kühle empfängt uns im Inneren. Aufatmend setze ich mich in eine Bank und schließe die Augen. Kirchen, so scheint es, verführen mich entweder zum Grübeln, wie in Dresden, oder zum Einschlafen. Unversehens gerate ich ins Träumen; die Schritte der vielen anderen Besucher, die Stimmen der Reiseführer verklingen. Doch wundersam hebt bald darauf ein Lobgesang an, erst leise, dann kräftig, nur fremdartig untermalt wie von Waffengeklirr. Der große Gottesdank, das Tedeum erschallt, von der Orgel geleitet, vom Widerhall der Gewölbe verstärkt.

Ich erwache, ich wandere umher, schaue Grabplatten an und erinnere mich: Das Tedeum haben einst die Sieger angestimmt, damals, im Dreißigjährigen Krieg. Am 10. Mai 1631 erstürmte der kaiserliche Feldherr Tilly mit seinen Landsknechten die Stadt, die vergeblich auf Rettung durch den Schwedenkönig Gustav Adolf gehofft hatte. Magdeburg versank in einem Flammenmeer, und zwei Drittel der Einwohner sollen umgekommen sein – mehr als im Bombenhagel von 1945. Nur der Dom und die Liebfrauenkirche blieben zum Ruhm des Allmächtigen und der Heiligen Jungfrau verschont.

Der Dom zeugt von vergangener Größe; darum lohnt es sich wirklich, ihn zu besuchen. Schon im Mittelalter und bis zu dem Schreckenstag von 1631

Der Dom zu Magdeburg:
Als 1631 die Stadt im Blutrausch der Eroberer
und im Feuersturm versank, stimmten hier die Sieger
das Tedeum, den Lobgesang Gottes, an.

gehörte Magdeburg zu den deutschen Städten von nicht nur regionaler, sondern europäischer Bedeutung. Allenfalls Nürnberg, Augsburg, Frankfurt am Main, Köln und dem Meer zugewandt erst Lübeck, dann Hamburg sind als halbwegs gleichrangig zu nennen.

Magdeburg gewann diese europäische Bedeutung zwar vordergründig als ein Knotenpunkt von Handelswegen zwischen Nord und Süd, Ost und West, aber mehr noch und wirklich wesentlich aus dem Recht. Mit der Bekehrung zum Kreuz, im Gefolge frommer oder streitbarer Apostel, Mönche und Ordensritter, kam es überall in Mittel- und Osteuropa zu Städtegründungen. Dafür brauchte man ein Muster, eine Rechtsordnung, um Unsicherheit und nie endenden, womöglich blutigen Kampf zu vermeiden. Der Handel gedeiht nur, wenn seine Regeln berechenbar sind, und die Handwerker, die man herbeiruft, wollen wissen, woran sie sind.

Um sozusagen das Rad nicht immer neu zu erfinden, suchte man nach Modellen. Das eine entdeckte man in Lübeck; das lübische Recht wanderte an der Ostsee entlang nach Pommern, nach Danzig und immer weiter bis ins Baltikum, bis nach Narwa hinauf. Im Binnenland aber verbreitete sich das Magdeburger Recht. Es fand Anwendung nicht nur in Thüringen, Obersachsen, der Lausitz, in Schlesien und Brandenburg, sondern weit über die Grenzen des Heiligen Römischen Reiches hinaus im Ordensland Preußen, in Polen und Litauen, in Masowien, Kujawien, Podolien, Wolhynien und Ruthenien. Auf einer historischen Karte von Mittel- und Osteuropa sind hunderte von Orten mit ihm bezeichnet. Sogar fernab am Dnjepr, im ukrainischen Kiew, findet man heute noch ein Denkmal für das Magdeburger Stadtrecht, den östlichsten Punkt markierend, bis zu dem es gelangte.

Wo Recht ist, gibt es freilich stets auch den Rechtsstreit. Prozesse müssen geführt und entschieden werden, irgendwo und irgendwann einmal mit der Autorität einer letzten Instanz. Und damit kehrte das von Magdeburg ausgehende Recht zu seinem Ursprung zurück. Um einen Vergleich zu wagen: Heute sprechen wir vom »Gang nach Karlsruhe« und meinen den Bundesgerichtshof oder das Bundesverfassungsgericht. Für das mittelalterliche Mittel- und Osteuropa lag Karlsruhe in Magdeburg; sein »Schöppenstuhl« urteilte auf der Grundlage des Sachsenspiegels, den Eike von Repgow zwischen 1220 und 1235 verfaßte.

Das Recht ist eine Grundlage der Freiheit. Nicht mit Mauern und Wehrtürmen allein, sondern auch und entscheidend mit dem Recht gewinnen die Stadtbürger ihre Unabhängigkeit gegenüber den feudalen Gewalten, die draußen im Lande herrschen, gegen all die Fürstenwillkür und das Rittergelichter ringsum. Und genau und erst damit stoßen wir auf das Einzigartige, das Auszeichnende der europäischen Stadt. Denn es hat ja auch sonst, zu allen Zeiten und in allen Hochkulturen, Städte gegeben, oft weitaus prächtiger als in Europa. Als die Spanier unter Cortez das Reich der Azteken eroberten, kamen sie beim Anblick der Hauptstadt

Tenochtitlán aus dem Staunen kaum heraus; nicht einmal das maurische Granada konnte da mithalten, das sie 1492 erstürmten – in genau dem Jahr, in dem Kolumbus in die Weite des Ozeans hinaussegelte, um einen Seeweg nach Indien zu finden.

Doch das Besondere der abendländischen Stadtentwicklung findet man eben nicht in der Höhe der Mauern, im Reichtum oder in den Einwohnerzahlen, die oft sehr bescheiden waren. Und schon gar kein Maßstab ist die Prachtentfaltung, auf die sich Groß- oder Kleinfürsten ohnehin meist besser verstehen. Florenz muß sich für seinen Glanz bei den Medici bedanken, wie Dresden bei den Wettinern. Nein, einzigartig ist allein das wehrhafte Recht auf die Bürgerfreiheit, das aus den feudalen Herrschaftsgebilden herausragt.

Oder um den Blick nach Osten, auf Rußland zu richten: Dort ist nicht Kiew zum bestimmenden Zentrum geworden – und auch Nowgorod nicht, das im Jahre 1570 vom Zaren Iwan IV. zerstört wurde, weil es sich zur Selbständigkeit aufschwang. Die geschichtsbestimmende Entscheidung fiel für Moskau. Das aber war niemals eine Stadt im europäischen Rechtssinne, sondern lagerte sich gehorsam um den Kreml, die Fürstenburg, die über alle Umbrüche hinweg den Sitz der Macht noch immer markiert. Ähnlich die Sankt Petersburger Zwischenzeit. Für eine Bürgerkultur wie in West- und Mitteleuropa blieb daher Rußland verriegelt.

Träume wahrhaftig, eine Geister- oder Geschichtsbeschwörung im Dom zu Magdeburg: Ich bitte dafür um Nachsicht. Aber wo, wenn nicht hier, wie anders als im Hinhören auf das längst Verklungene kann man erkennen, daß Magdeburg tatsächlich einmal eine Stadt von europäischem Rang war wie in Deutschland kaum eine zweite? Dieser Rang blieb lange erhalten, sogar in der Zeit, als der Städtebund der Hanse verfiel und die Fürstenstaaten sich emporkämpften. Oder etwas Neues wurde gewonnen. Wittenberg lag nahe; mit Martin Luther rückte die Stadt zu einem Mittel-

»Des Herrgotts Kanzlei« wurde Magdeburg genannt. Denn hier wurden die Schriften der Reformation gedruckt. Von der Domkanzel hat man Luthers Botschaft gepredigt – und vergeblich um Rettung gebetet.

punkt der großen geistlichen Revolution auf, die Deutschland veränderte; hier wurden ihre Bücher und die Bibel, hier ihre Flugschriften gedruckt; von »unseres Herrgotts Kanzlei« war die Rede. Gesangbücher erschienen, das Trutzlied fand Verbreitung:

»Ein feste Burg ist unser Gott,
ein gute Wehr und Waffen,
er hilft uns frei aus aller Not,
die uns jetzt hat betroffen…«

Doch dann der Sturz in den Abgrund. Um noch einmal im »Lehrbuch der Weltgeschichte« nachzulesen: »Von Raubsucht und Rachgier getrieben, stürmten die entmenschten Kriegsscharen, denen eine dreitägige Plünderung zugesagt war, in die unglückliche Stadt, die nunmehr der Schauplatz entsetzlicher Gräuel ward, bis eine von allen Seiten unaufhaltsam sich fortwälzende Feuersbrunst sie zuletzt in einen Aschenhaufen verwandelte.« Der alte und immer neue Kehrausreim des Krieges! Und gleich darauf dieser Lobgesang, das Tedeum noch unter Schwaden von Rauch, im Gestank der Verwesung. Aber die Sieger von 1631 wußten, was sie taten. Die Städtemacht und der Bürgerstolz sollten exemplarisch gebrochen werden und ihre Zeiten vorüber sein. Hinter dem Kampf der Konfessionen kündigte sich etwas Neues an, die Epoche des Absolutismus, deren Monarch von sich sagt: »Der Staat bin ich.«

Noch einmal also, im Untergang, gewann Magdeburg wenn schon nicht mehr für Europa, dann doch für Deutschland Bedeutung, jedenfalls in einem symbolhaften Sinne. Denn fast überall hat tatsächlich der Dreißigjährige Krieg die Städte tief und langfristig ruiniert, sie ins Armselige, Kleinsinnige, ins Dumpfe und Geduckte, ins ganz und gar Provinzielle gedrängt. Mit Recht nennt darum der Historiker Michael Stürmer den Dreißigjährigen Krieg »die existentielle Katastrophe des neuzeitlichen Deutschland, ohne deren Begreifen die ganze nachfolgende deutsche Geschichte keinen Sinn ergibt«.

Das heißt mit anderen Worten: Für den deutschen Weg in die Neuzeit hinein hat es kein »Magdeburger Modell« mehr gegeben. Keine freie und selbstbewußte Bürgergesellschaft konnte entstehen und sich gegen den Fürstenstaat, wie in Frankreich, Freiheit und Einheit erkämpfen. Wie tief der Ruin tatsächlich war und wie langfristig er sich auswirkte, mag ein Beispiel zeigen. Zur preußischen Erneuerung nach 1807 gehörte die Städtereform des Freiherrn vom Stein. Sie ist im Rückblick immer als eine Pflanzstätte der bürgerlichen Selbstverwaltung und damit des Freiheitsbewußtseins gefeiert worden. Aber in der Beschreibung Gerhard Ritters nimmt sich diese Reform erst einmal so aus:

»Die Städteordnung von 1808 ist ausschließlich

der Initiative des höheren Beamtentums entsprungen, und ihre Einführung stieß überall im Lande auf Verwunderung, Bedenken und Beschwerden der verschiedensten Art – so gut wie nirgends auf freudige Zustimmung. Bürgerliches Selbstbewußtsein gab es – außerhalb des Beamtentums – nur im Bereich der Literatur, der Wissenschaft, Dichtung, Tagesschriftstellerei... Unzweifelhaft ist also durch die Reformtat Steins ein mächtiger Anstoß zur Belebung städtischer Selbstverwaltung in das ganze deutsche Staatsleben gekommen. Ihre Kühnheit wird erst dann recht sichtbar, wenn man sich im einzelnen anschaulich macht, wie völlig überrascht und hilflos das Bürgertum der ostelbischen Kleinstädte, aber selbst der wenigen großen Residenzen und Handelsstädte, der neu geschenkten, nicht erkämpften, ja nicht einmal erbetenen Freiheit gegenüberstand.«

Wen wundert es da noch, daß man beim Revolutionsversuch von 1848 zwar ein Parlament wählte und eine denkwürdige Verfassung entwarf, aber den Kampf um Freiheit und Einheit kläglich verlor? Es blieben eben, seit dem Tedeum zu Magdeburg, für Deutschlands Entwicklung und Prägung stets nur die anderen Möglichkeiten, von denen die Rede war, die des Fürsten- und Obrigkeitsstaates, sei es nun die liebreich sächsische oder die preußische, die von »Eisen und Blut«, die am Ende triumphierte. Und darum hört man durch unsere neuere

Geschichte hindurch auch den Lobgesang samt Waffengeklirr immer wieder, zum Beispiel so, wie unter dem Titel »Das Eisen« Heinrich Leuthold ihn nach der Reichsgründung von 1871 anstimmte und in dem es heißt:

»Lange genug als Dichter und Denker priesen
oder höhnten andre das Volk der Deutschen;
aber endlich folgten den Worten Tagen,
Taten des Schwertes.
Nicht des Geistes, sondern des Schwertes Schärfe
gab dir alles, wiedererstandenes Deutschland:
Ruhm und Einheit, äußere Macht und Wohlfahrt
dankst du dem Eisen.«

Ja, aber die Katastrophen erst recht.

Ach, nur fort jetzt aus den düsteren Gedanken, aus der Kühle des Doms in die Sonne hinein, so heiß sie auch brennt. Vielleicht kann es ja doch einmal gelingen, daß sie, schön wie nie, über Deutschland scheint. Im Herbst 1989 hat es in Leipzig und Dresden, in Halle und Wittenberg, in Magdeburg eine Bürgerbewegung gegeben. Sie hat endlich erreicht, was hierzulande so oft und so bitter mißlang: Courage hat das Waffenklirren mißachtet, hat die Männer der Macht verjagt und einen Obrigkeitsstaat zum Einsturz gebraucht. Darauf ließe sich bauen. Davon vielleicht sollten die Dichter und Denker nun reden. Und womöglich und jetzt ganz zivil sich zum Lobgesang finden.

Lauenburg: noch einmal ein liebliches Städtchen. Vom Schloßberg aus genießt man den weiten Blick über die Elbmarschen bis hinüber nach Lüneburg. Blautöne mischen sich ins Grün; unwillkürlich werde ich an mein hinterpommersches Lauenburg erinnert, das vom »blauen Ländchen« umgeben war. Am Abend folgt die Weiterfahrt nach Geesthacht, und gleich hinter der Schleuse bettet sich unser Schiff zur Nachtruhe. Denn von jetzt an muß es auf die Gezeiten Rücksicht nehmen.

Inzwischen wird ein Galadiner serviert. Aber seltsam: Diesmal mundet es nicht ganz so gut wie all die Mittag- und Abendessen zuvor, und die Gespräche schleppen sich eher lustlos dahin. Das hat nichts mit der Qualität der Küche zu tun, um so mehr aber mit der Tatsache, daß das Ende unserer Reise bereits nahe ist. Morgen früh, pünktlich um acht Uhr, werden wir an den Landungsbrücken von St. Pauli anlegen – am Elbkilometer 623, den inzwischen sogar die Hamburger kennen, die an Bord sind.

Wir werden uns verabschieden und die Heimfahrt antreten. Aber warum eigentlich? Man sollte

Lauenburg erfreut seine Besucher mit malerischen Fachwerkhäusern und einem weiten Blick in das Land. Den Ausflügen auf der Elbe dient der ehrwürdige Raddampfer »Kaiser Wilhelm I.«

auf der »Dresden« bleiben, jeder Terminverpflichtung zum Hohn, und den neu erwarteten Gästen eine Absage erteilen, um gleich wieder nach Dresden zurückzukehren. Viel zu schön war diese Elbreise, allzu schnell flog eine Woche dahin, und weitaus mehr gab es zu sehen, als man verarbeiten konnte. Manche Teile des Ausflugsangebots mußte man ohnehin übergehen, weil sie sich nicht mehr bewältigen ließen. Darum sollte man tatsächlich bleiben. Entspannter, schon mit einem Vorschuß

LANDUNGSBRUCKEN
König-Pilsener

In Hamburg, an den Landungsbrücken von St. Pauli,
endet die binnenländische Elbreise.
Die Hanseaten schauen freilich mit Ebbe und Flut
stromab auf ihre Lebensader zum Meer.

von Vertrautheit versehen, doch mit ungestillter Freude und Wißbegier würde man die zweite Reise antreten. Und wie wir Herrn Ulrich jetzt kennen, wird es ihm gelingen, an einer der frühen Zwischenstationen neue Vorräte seines so bekömmlichen sächsischen Weins heranzutelefonieren.

Das allerdings wäre die Bedingung. Schließlich wollen wir, die Hanseaten und die Preußen, auf unsere Heimkehr nach Sachsen anstoßen. Nur ein Gastgeschenk, eine Vase, müßte man irgendwo noch auftreiben, eine aus der Berliner Porzellanmanufaktur vielleicht, um gebührend zu feiern, daß wir wieder beieinander sind.

Bildnachweis

Archiv für Kunst und Geschichte, Berlin:
S. 11, 26, 52, 60, 68

Archiv des Verlages:
S. 10, 43, 47, 64, 76, 79, 82, 83, 92, 96

Bildarchiv Preußischer Kulturbesitz, Berlin:
S. 29

dpa: S. 101, 105, 111, 112

DuMont Kunst-Reiseführer, Dresden:
S. 24, 30, 33

Edition Leipzig: »Barock in Dresden«:
S. 36, 40, 55, 57

Reederei Peter Deilmann: S. 18

Staatliche Schlösser und Gärten:
Wörlitz-Oranienbaum-Luisium: S. 84, 87

Die Karte auf Seite 6 zeichnete
Ottmar Frick

Christian Graf von Krockow im dtv

»Wenn ich Bücher schreibe, möchte ich Geschichten erzählen.«
Christian Graf von Krockow

Die Stunde der Frauen
Bericht aus Pommern
1944 bis 1947
ISBN 3-423-**30014**-0

Die Reise nach Pommern
Bericht aus einem verschwiegenen Land
ISBN 3-423-**30046**-9

Fahrten durch die Mark Brandenburg
Wege in unsere Geschichte
ISBN 3-423-**30381**-6

Begegnung mit Ostpreußen
ISBN 3-423-**30493**-6

Rheinsberg
Ein preußischer Traum
ISBN 3-423-**30649**-1

Die preußischen Brüder
Prinz Heinrich und Friedrich der Große
Ein Doppelportrait
ISBN 3-423-**30659**-9

Die Rheinreise
Landschaften und Geschichte zwischen Basel und Rotterdam
ISBN 3-423-**30753**-6

Die Elbreise
Landschaften und Geschichte zwischen Böhmen und Hamburg
ISBN 3-423-**30754**-4

Bismarck
Eine Biographie
ISBN 3-423-**30784**-6

Churchill
Eine Biographie des 20. Jahrhunderts
ISBN 3-423-**30797**-8

Erinnerungen
Zu Gast in drei Welten
ISBN 3-423-**30831**-1

Vom lohnenden Leben
Ein Wegweiser für jüngere und ältere Leute
ISBN 3-423-**36158**-1

Der deutsche Niedergang
Ein Ausblick ins 21. Jahrhundert
ISBN 3-423-**36203**-0

Literatenleben

Elizabeth Gaskell
Das Leben der Charlotte Brontë
Übers. v. J. u. P. Schmitt
ISBN 3-423-20048-0

Wolfgang Hädecke
Theodor Fontane
ISBN 3-423-30819-2

Volker Hage, Mathias Schreiber
Marcel Reich-Ranicki
Ein biographisches Porträt
ISBN 3-423-12426-1

Sven Hanuschek
»Keiner blickt dir hinter das Gesicht«
Das Leben Erich Kästners
ISBN 3-423-30871-0

Jean-Francois Lyotard
Gezeichnet: Malraux
Ein genialer Philosoph beschreibt einen großen Schriftsteller und Politiker
Übers. v. R. Werner
ISBN 3-423-30825-7

Elsemarie Maletzke
Jane Austen
Eine Biographie
ISBN 3-423-30740-4

Volker Neuhaus
Schreiben gegen die verstreichende Zeit
Zu Leben und Werk von Günter Grass
ISBN 3-423-12445-8

Donald A. Prater
Thomas Mann
Deutscher und Weltbürger
Eine Biographie
ISBN 3-423-30660-2

Jörg W. Rademacher
James Joyce
ISBN 3-423-24413-5

Marcel Reich-Ranicki
Mehr als ein Dichter
Über Heinrich Böll
ISBN 3-423-11907-1

Marcel Reich-Ranicki
Mein Leben
Eine Autobiographie
ISBN 3-423-13056-3

Albert von Schirnding
Alphabet meines Lebens
ISBN 3-423-24202-7

Armin Strohmeyr
Annette Kolb
Eine Biographie
ISBN 3-423-30868-0

Sigrid Weigel
Ingeborg Bachmann
Hinterlassenschaften unter Wahrung des Briefgeheimnisses
ISBN 3-423-34035-5

Expeditionen in unbekannte Welten

Nigel Barley
Traumatische Tropen
Notizen aus meiner Lehmhütte
Übers. v. U. Enderwitz
ISBN 3-423-**12399**-0

Tanz ums Grab
Übers. v. U. Enderwitz
ISBN 3-423-**12795**-3

Die Raupenplage
Von einem, der auszog,
Ethnologie zu betreiben
Übers. v. U. Enderwitz
ISBN 3-423-**12518**-7

Hallo Mister Puttymann
Bei den Toraja in Indonesien
Übers. v. U. Enderwitz
ISBN 3-423-**12580**-2

Traurige Insulaner
Als Ethnologe bei den
Engländern
Übers. v. E. Hosfeld
ISBN 3-423-**12664**-7

Franz Binder
Kailash
Reise zum Berg der Götter
ISBN 3-423-**24343**-0

Mary Crow Dog
Lakota Woman
Die Geschichte einer Sioux-Frau
Übers. v. G. Riedel
ISBN 3-423-**36104**-2

Peter Nichols
Der Freisegler
Logbuch der Erinnerung
Übers. v. D. Kuhaupt
ISBN 3-423-**34012**-6

Redmond O'Hanlon
Ins Innere von Borneo
Übers. v. M. Büning
ISBN 3-423-**20220**-3

Kongofieber
Übers. v. Ch. Hirte
ISBN 3-423-**20324**-2

Lynn Schooler
Die Spur des blauen Bären
Zwei Männer in der Wildnis
Alaskas
Übers. v. H. Schickert
ISBN 3-423-**20719**-1

Paul Theroux
Der alte Patagonien-Express
Übers. v. E. Ruetz
ISBN 3-423-**20031**-6

Die glücklichen Inseln
Ozeaniens
Übers. v. E. Ruetz
ISBN 3-423-**20224**-6

Alison Wearing
Meine iranische Reise
Übers. v. B. Ostrop
ISBN 3-423-**24383**-X

Beck Weathers
Stephen G. Michaud
Für tot erklärt
Meine Rückkehr vom
Mount Everest
Übers. v. H. Schickert
ISBN 3-423-**20585**-7

Bitte besuchen Sie uns im Internet: www.dtv.de

Wie sie lebten, wo sie schrieben

Peter Braun
Dichterhäuser
Mit 64 Schwarzweißabbildungen

ISBN 3-423-**24362**-7

Peter Braun hat sich auf eine Rundreise begeben und spürt kenntnisreich und mit viel Sinn fürs Anekdotische vierzehn Dichtern nach, darunter Brecht, Storm, Thomas Mann, Marieluise Fleißer und, wie könnten sie fehlen, Goethe und Schiller. Der Autor geht dabei so geheimnisvollen Fragen nach wie: Lagen in Schillers Schreibtisch wirklich faulende Äpfel zur Beflügelung der Phantasie? Trug Justinus Kerner tatsächlich eine Hornbrille zum Schutz gegen Gewitter? Den Dichterhäusern von Husum bis Salzburg wird so Leben eingehaucht.

»›Dichterhäuser‹ regt zu literarischen Studienreisen an, die per Buch auch jederzeit bequem vom Sofa aus unternommen werden können.«
Rheinischer Merkur

»Peter Brauns Geschichten, angereichert mit 64 Abbildungen, sind eine reizvolle Lektüre für Zwischendurch, flott und unterhaltsam erzählt – und man erfährt doch immer wieder Neues über Altbekannte.«
Heilbronner Stimme

Männer, die Geschichte machten

Manfred Flügge
Heinrich Schliemanns Weg nach Troia
Die Geschichte eines Mythomanen
ISBN 3-423-**34025**-8

Eckart Kleßmann
Napoleon
ISBN 3-423-**30865**-6

Christian Graf von Krockow
Die preußischen Brüder
Prinz Heinrich und Friedrich der Große
Ein Doppelportrait
ISBN 3-423-**30659**-9

Bismarck
Eine Biographie
ISBN 3-423-**30784**-6

Churchill
Eine Biographie des 20. Jahrhunderts
ISBN 3-423-**30797**-8

Siegfried Lauffer
Alexander der Große
ISBN 3-423-**34066**-5

Christian Meier
Caesar
ISBN 3-423-**30593**-2

Peter Merseburger
Willy Brandt 1913–1992
Visionär und Realist
ISBN 3-423-**34097**-5

Shimon Peres
Man steigt nicht zweimal in denselben Fluß
Politik heißt Friedenspolitik
Übers. v. M. Georg
ISBN 3-423-**24181**-0

Andrew Roberts
Churchill
und seine Zeit
Übers. v. F. Griese
ISBN 3-423-**24132**-2

Ekkehart Rotter
Friedrich II. von Hohenstaufen
dtv portrait
ISBN 3-423-**31078**-2

Martha Schad
Ludwig II.
dtv portrait
ISBN 3-423-**31033**-2

Theo Schwarzmüller
Otto von Bismarck
dtv portrait
ISBN 3-423-**31000**-6

Zwischen Kaiser und »Führer«
Generalfeldmarschall August von Mackensen
Eine politische Biographie
ISBN 3-423-**30823**-0

Hagen Schulze

Kleine deutsche Geschichte

ISBN 3-423-30703-X

Wer die Gegenwart verstehen will, muß die Vergangenheit kennen. Nach den turbulenten Entwicklungen der letzten Jahre mit der Entstehung eines neuen deutschen Nationalstaats und auch im Hinblick auf die Zukunft in der EU ist das wichtiger denn je. Dem Autor ist es gelungen, 2000 Jahre deutscher Geschichte von den Anfängen bis zur Vereinigung des geteilten Deutschland im Jahre 1990 zusammenzufassen, in ihren Grundzügen darzustellen und alle wesentlichen Aspekte prägnant und anschaulich zu schildern. Gebündelte Information führt so zu solidem Wissen.

»Eine deutsche Geschichte, wie sie das Publikum lange nicht hatte: knapp, temperamentvoll, modern ...«
Frankfurter Allgemeine Zeitung

»Schulze zeigt einmal mehr, daß große Geschichtsschreibung nicht unverständlich sein muß.«
Die Welt

»... die großen Linien, die oft zupackende, pointierte und überdies flüssige Darstellung machen die anregende Lektüre des Buches für jeden Leser zu einem Gewinn.«
Rheinischer Merkur

Biographien bei dtv

Michael W. Blumenthal
Die unsichtbare Mauer
Die dreihundertjährige Geschichte einer deutsch-jüdischen Familie
Übers. v. W. Heuss
ISBN 3-423-**30788**-9

George I. Brown
Graf Rumford
Das abenteuerliche Leben des Benjamin Thompson
Übers. v. A. Ehlers
ISBN 3-423-**24342**-2

Patricia Clough
Hannelore Kohl
Zwei Leben
Übers. v. P. Torberg
ISBN 3-423-**34003**-7

Carlo Feltrinelli
Senior Service
Das Leben meines Vaters Giangiacomo Feltrinelli
Übers. v. F. Hausmann
ISBN 3-423-**34016**-9

Erica Fischer
Das kurze Leben der Jüdin Felice Schragenheim
»Jaguar«, Berlin 1922
Bergen-Belsen 1945
ISBN 3-423-**30861**-3

Ulrich Greiwe
Augstein
Ein gewisses Doppelleben
ISBN 3-423-**34034**-7

Manfred Flügge
Heinrich Schliemanns Weg nach Troia
Die Geschichte eines Mythomanen
ISBN 3-423-**34025**-8

Albrecht Fölsing
Wilhelm Conrad Röntgen
Aufbruch ins Innere der Materie
ISBN 3-423-**30836**-2

Ulrich Frodien
»Bleib übrig«
Eine Kriegsjugend in Deutschland
ISBN 3-423-**30849**-4

Sebastian Haffner
Geschichte eines Deutschen
Die Erinnerungen 1914–1933
ISBN 3-423-**30848**-6

Hildegard Hamm-Brücher
Freiheit ist mehr als ein Wort
Eine Lebensbilanz 1921–1996
ISBN 3-423-**30644**-0

Erinnern für die Zukunft
Ein zeitgeschichtliches Nachlesebuch 1991–2001
ISBN 3-423-**24254**-X

Eckart Kleßmann
Napoleon
ISBN 3-423-**30865**-6

Bitte besuchen Sie uns im Internet: www.dtv.de

Biographien bei dtv

Christian Graf von Krockow
Die preußischen Brüder
Prinz Heinrich und Friedrich der Große
Ein Doppelportrait
ISBN 3-423-30659-9

Bismarck
ISBN 3-423-30784-6

Churchill
Eine Biographie des 20. Jahrhunderts
ISBN 3-423-30797-8

Erinnerungen
Zu Gast in drei Welten
ISBN 3-423-30831-1

Siegfried Lauffer
Alexander der Große
ISBN 3-423-34066-5

Christian Meier
Caesar
ISBN 3-423-30593-2

Peter Merseburger
Willy Brandt 1913–1992
Visionär und Realist
ISBN 3-423-34097-5

Joseph Rovan
Erinnerungen eines Franzosen, der einmal Deutscher war
Übers. v. B. Wilczek
ISBN 3-423-34009-6

Theo Schwarzmüller
Zwischen Kaiser und »Führer«
Generalfeldmarschall August von Mackensen
ISBN 3-423-30823-0

Robert Service
Lenin
Übers. v. H. Fliessbach
ISBN 3-423-30860-5

Zvi Yavetz
Tiberius
Der traurige Kaiser
Übers. v. D. Ajchenrand
ISBN 3-423-30833-8